最新政治・経済

教科書 政経 703
準拠

演習ノート

最新
政治・経済

文部科学省検定済教科書
7 実教 政経703
高等学校公民科用

実教出版

実教出版

もくじ

第1部　現代日本の政治・経済

本書の使い方　　※【　】は関連する評価の観点を示しています。

❶　このノートは，実教出版の教科書『最新政治・経済』（政経703）に準拠しています。

❷　教科書の1テーマを，2ページで編集しています。

❸　ノートの左ページは，おもに教科書内容の学習ポイントを簡潔にまとめています。一部を空欄にしていますが，そこに入る語句などはすべて教科書に記載されているものです。教科書をよく読んで，書き込んでみましょう。【知識・技能】

❹　側注には，各テーマを学習するうえで是非覚えておきたい知識を補足しています。内容理解を深めるために，または空欄に入る語句を考えるときの参考としてください。

❺　巻末には学習の振り返りを記入する欄を設けました。

第2部　現代の国際政治・経済

本書の使い方

Check ✔ 重要用語 【知識・技能】
・各部の重要用語の確認ができます。

正誤問題 ／ Work 【知識・技能】【思考・判断・表現】
・知識や概念が身についているか確認できる設問です。

✔Check 【知識・技能】【思考・判断・表現】
・教科書のCheckに対応した図版や統計などを読み取ることで，課題を把握できる設問です。

各部第3編　諸課題の探究 【思考・判断・表現】
・教科書各部第3編 諸課題の探究の学習内容に対応したワークシートです。

✔振り返りチェック や 確認しよう で重要事項を確認し，TRY で自分の意見やその根拠をまとめたり，他の人の意見や根拠をまとめたりして，考察を深めてみましょう。

① 民主政治と法

▶教科書 p.8〜9

①_____

②_____

③_____

④_____

⑤_____

⑥_____

⑦_____

⑧_____

⑨_____

⑩_____

⑪_____

⑫_____

わたしたちと政治

・アリストテレス「人間は〔①　　　　　　　　〕である」

　…人間は集団を形成して生活を営んでいる

・〔②　　　　　　　〕：集団各人の要求の対立を調整しながら，集団の目的を実現
　　　　　　　　　　　していく営み

・〔③　　　　　　　　〕：政治をおこなう上で，人々を強制する力

政治と国家

・国家の三要素：領域・国民・〔④　　　　　　　〕

　〔④〕の2つの側面 ｛ 国内的側面：どの個人や団体からも拘束されない権力
　　　　　　　　　　　　　　　　　　をもつ

　　　　　　　　　　　　対外的側面：他国から支配・干渉されず独立している

・〔⑤　　　　　　　　〕は，法を定めたり，外交を処理したり，治安の維持や
　税金の徴収もおこなう

民主政治の誕生

・近代初頭のヨーロッパでは〔⑥　　　　　　　　〕（絶対君主制）

　…国王の権力は絶対的な最高権力とされ，〔⑦　　　　　　　　〕が主張さ
　れていた

・近代国家の形成や商工業の発展は促したが，恣意的な政治により，国民の権
　利は認められず

・〔⑧　　　　　　　〕がおこる

　　…ピューリタン革命・名誉革命（英），アメリカ独立革命（米），
　　　フランス革命（仏）など

　〔⑨　　　　　　　　〕（ブルジョアジー）が〔⑥〕を倒し，自らが権力をにぎっ
　た

　近代民主政治の基本原理が確立

　　…〔⑩　　　　　　　　　　　　〕，国民主権，権力分立制など

法の意義と役割

・法：道徳や慣習と同様の社会規範の一つ

　　　国家権力の濫用の防止，基本的人権の保障も法の重要な役割

　法の特徴…ⅰ）違反した行為に対して〔⑤〕による制裁がある

　　　　　　ⅱ）立法（議会）や判決（裁判所）によって内容が変更できる

・法は2つに大別される

　｛〔⑪　　　　　〕：憲法・行政法・刑法など。国家と国民の関係を規律する

　｛〔⑫　　　　　〕：民法や商法など。私人と私人の関係を規律する

ただし，両方の性格をもつ社会法（労働法や経済法など）もある

１．常に集団で生活する人間をとらえて「人間は社会的動物である」といったのは，古代ギリシアの哲学者ソクラテスである。　　　　　　　　　　　　　　　　　　　　　　　　　　　　　　（　　　）

２．政治は国家だけでなく，国際社会や地域・企業・労働組合などの社会集団においてもみることができる。　　　　　　　　　　　　　　　　　　　　　　　　　　　　　　　　　　　　（　　　）

３．国家の三要素とは，明確な領域・そこに住む人々（国民）・主権であるが，このうち主権とは国内的にはどの個人や団体からも拘束されない権力をもち，対外的には他国から支配・干渉されない独立した権力をもつことをいう。　　　　　　　　　　　　　　　　　　　　　　　　　　　　　　（　　　）

４．国王の権力による絶対君主制に対する不満が高まった結果，革命をおこしてこの体制を打破したのはブルジョアジーとよばれる市民階級である。　　　　　　　　　　　　　　　　　　　　（　　　）

５．市民革命を最初に成功させたのはイギリスで，その後フランス，アメリカという順で市民革命が成立していった。　　　　　　　　　　　　　　　　　　　　　　　　　　　　　　　　　　　（　　　）

６．近代民主政治の基本原理としては，基本的人権の尊重，法の支配，君主主権，権力分立制などをあげることができる。　　　　　　　　　　　　　　　　　　　　　　　　　　　　　　　　（　　　）

Work　　①教科書p.9資料❸「法の分類」を参考にして，次の図のA ～ Dに適する法の名称を書きなさい。

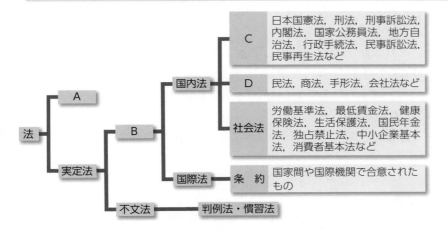

A	
B	
C	
D	

②教科書 p.8「人および市民の権利宣言（抄）」を参考にして，次の条文の〔ア〕～〔ク〕に適語を書きなさい。

第一条　人は，〔ア　　　　　　〕かつ権利において〔イ　　　　　　　〕なものとして出生し，かつ生存する。

第二条　あらゆる政治的団結の目的は，人の消滅することのない〔ウ　　　　　　〕を保全することである。これらの権利は，自由・〔エ　　　　　　〕・安全および圧政への〔オ　　　　　　〕である。

第三条　あらゆる〔カ　　　　　　〕の原理は，本質的に〔キ　　　　　　〕に存する。

第十六条　権利の保障が確保されず，権力の〔ク　　　　　　〕が規定されないすべての社会は，憲法をもつものでない。

❷ 民主政治の基本原理　　　　　　　　　　　　　▶教科書 p.10〜11

①＿＿＿＿＿＿＿＿＿＿

②＿＿＿＿＿＿＿＿＿＿

③＿＿＿＿＿＿＿＿＿＿

④＿＿＿＿＿＿＿＿＿＿

⑤＿＿＿＿＿＿＿＿＿＿

⑥＿＿＿＿＿＿＿＿＿＿

⑦＿＿＿＿＿＿＿＿＿＿

⑧＿＿＿＿＿＿＿＿＿＿

⑨＿＿＿＿＿＿＿＿＿＿

⑩＿＿＿＿＿＿＿＿＿＿

⑪＿＿＿＿＿＿＿＿＿＿

⑫＿＿＿＿＿＿＿＿＿＿

▌基本的人権の確立 ◖

・〔①　　　　　　　　〕

　　：人々は契約をむすんで，国家をつくるという考え方。市民革命を理論的
　　　に支えた

　〔②　　　　　　〕

　　：生命・自由・財産など人が生まれながらにもっている権利

・〔③　　　　　　　〕：イギリスの思想家　主著『統治二論』

　　…政府が社会契約に反した場合，人々は政府を変更する権利
　　（〔④　　　　　　〕・革命権）をもつ

▌自由権から社会権へ ◖

・〔⑤　　　　　　　〕

　　↓：市民革命後，保障されるようになった権利。国家からの自由
　　　　資本主義経済の発達，貧困や失業などが社会問題化

・〔⑥　　　　　　　〕

　　：人々の生活と福祉のために国家が積極的に活動することを求める権利。
　　　国家による自由

・ドイツの〔⑦　　　　　　　　　〕憲法（1919年）

　…はじめて〔⑥〕を明文で規定

　　「…すべての者に人間たるに値する生存を保障する…」

　＊国家観も変化

　　夜警国家：国家の役割は国防と治安維持。自由権を保障

　　➡〔⑧　　　　　　　〕：国民生活の安定と〔⑥〕の保障が目標

▌法の支配 ◖

・〔⑨　　　　　　　　　〕：国民の自由・権利を守るための法に権力者も従う

　　⇔　人の支配

・〔⑩　　　　　　　　　　　〕（1215年）

　　…イギリス国王に貴族たちが課税権や逮捕権の制限を認めさせたもの

・17世紀には，〔⑪　　　　　　〕がイギリス国王に対してブラクトンの言葉
を引用…「国王といえども，神と法の下にあるべきである」

　　＊法治主義：法による行政。ドイツで発達した考え方

・〔⑫　　　　　　　〕

　　：憲法に従って政治をおこなうべきとする考え方

　　＊フランス人権宣言「権利の保障が確保されず，権力の分立が規定されな
　　　いすべての社会は，憲法をもつものでない」

正誤問題　次の文が正しい場合には○，誤っている場合には×を（　）に記入しなさい。

１．社会契約説は，市民革命を理論的に支えた。　　　　　　　　　　　　　　　　　　　　（　　　　）

２．自由権の保障を中心にし，市民生活をその自治に委ねていた国家を夜警国家といい，政府による国民
　生活の安定と社会権の保障を目標とする国家が福祉国家である。　　　　　　　　　　　　（　　　　）

３．一般の国民だけでなく，国王や政府でも法に従うべきであるという考え方が法の支配の考え方である。
　ここにおける「法」は，人権と基本的自由の保障を求める法である。　　　　　　　　　　（　　　　）

４．「国王といえども，神と法の下にあるべきである」というブラクトンの言葉を引用し，中世以来の慣
　習法が王権をも支配すると主張したのは，ホッブズである。　　　　　　　　　　　　　　（　　　　）

５．「法の支配」と「法治主義」は全く同じ概念で，どちらも法によって国を統治し，またその国民を法
　によって守ろうとする考え方である。　　　　　　　　　　　　　　　　　　　　　　　　（　　　　）

Work　**1** 教科書p.10資料**1**「社会契約説の比較」を参考にして，次の表を完成させなさい。

思想家	［①　　　　　　　　　］ （1588～1679）イギリス 主著 『［②　　　　　　　　］』	ロック （1632～1704）　イギリス 主著 『［⑤　　　　　　　］』	［⑦　　　　　　　　　］ （1712～1778）　フランス 主著 『［⑧　　　　　　　　］』
考え方・影響	・自然権の無制限な行使 　→社会は混乱 　（［③ 　　　　　　　　　］） 　→自然権を放棄し，国王に譲 　　渡する契約へ ・結果的に［④　　　　　　］ 　を擁護	・政府がなくても平和共存。 　より確実な自然権保障のた 　め契約締結。権利を一時的 　に政府に信託 ・［⑥　　　　　　　］独立 　革命，フランス革命に影響 　を与えた	・契約によりうまれる主権 　は，人民の［⑨ 　　　　　　　］をあらわすもの 　で譲渡も代表もできない ・直接民主制を主張

2 教科書p.11**3**「人の支配と法の支配」　人の支配と法の支配のそれぞれの時代における法の役割の違
　いについて，次の文中の（ア）～（エ）に入る語句を下の語群から選びなさい。

　人の支配の時代においては，（ア）が法を制定し，法は国民に対する権力者の（イ）という役割をもっ
ていた。一方，法の支配の時代になると，国民の代表である（ウ）が法を制定し，法は国民の自由・権利
を守るためのルールとして，（エ）の権力を制限する役割をもつようになった。

〈語群〉　①　議会
　　　　　②　国王（君主・独裁者）
　　　　　③　支配のための道具
　　　　　④　国民
　　　　　⑤　君主・政府

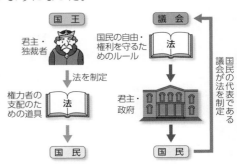

ア	イ	ウ	エ

❸ 民主政治のしくみと課題

▶教科書 p.12〜13

①_____

②_____

③_____

④_____

⑤_____

⑥_____

⑦_____

⑧_____

⑨_____

⑩_____

⑪_____

⑫_____

>>>【⑤】
イギリスのロンドン労働者協会が「人民憲章」（1838年）を発表し、普通選挙の実現を求めて、大規模な政治運動をおこなった。(→教 p.12＊■)

国民主権

・〔①　　　　　　　　　〕（人民主権）の原理：国民が主権をもつ

　　…政治権力を国民の意思にもとづいて組織・運用していく制度
　　　社会契約説の考え方（政府は人民の同意にもとづいてのみ成立する）による

・〔②　　　　　　　　　〕（民主主義）
　　：基本的人権の尊重と国民主権にもとづいておこなわれる政治
　→民主政治の実現には国民の〔③　　　　　　〕の保障が必要
　制限選挙制：一定以上の財産をもつ男性にのみ参政権を保障
　　➡〔④　　　　　　　　　　〕：すべての成人に参政権を保障
　〔⑤　　　　　　　　　　　　〕
　　：19世紀イギリスの普通選挙権獲得運動

議会制民主主義

・〔⑥　　　　　　　　　　〕…市民が集会において政治決定をおこなう
　　　　　　　　　　　　　　古代ギリシアの都市国家など

　　　　　　　　　　　⬇

　〔⑦　　　　　　　　　　　　〕（間接民主制）
　　：国民のなかから代表者を選び議会を組織し、議会が意思決定をおこなう
　　＊〔⑧　　　　　　　　　　〕：〔⑦〕を否定した、大衆の支持にもとづく
　　　　　　　　　　　　　　　　独裁政治。全体主義
　　　1920年代〜30年代　イタリアのファシスト政権（ムッソリーニ）
　　　　　　　　　　　　　ドイツのナチス政権（ヒトラー）

【多数者の支配と少数者の権利】

・民主政治は、一般的に〔⑨　　　　　　　　〕にもとづいて運営される
　　…全員の一致は困難だから
　　　ミル…多数者の意思にささえられた社会の権力も、個人の自由を侵害する
　　　（「世論の専制」）
　　∴「多数者の専制」をふせぎ、少数意見の尊重をし、十分な討論で合意をつくる努力が必要

権力分立

・権力をもつものは濫用する危険がある
　→〔⑩　　　　　　　　〕により、権力が権力を阻止することが必要
・ロック…執行権、同盟権に対する議会（立法権）の優位にもとづく国王権力の制約を唱える
・〔⑪　　　　　　　　　　〕…立法、執行（行政）、司法の三権分立、権力
　相互の〔⑫　　　　　　　　　　〕を唱える

1．参政権の拡大によって，大衆も政治に参加する大衆民主主義が成立した。　　　　　　（　　　　）

2．「人民の，人民による，人民のための政治」とは，アメリカ合衆国第16代大統領リンカーンの言葉である。　　　　　　（　　　　）

3．ロックは立法，行政，司法の三権の間に，抑制と均衡の関係をもたせることを主張した。（　　　）

4．モンテスキューは主著『法の精神』で，権力の抑制と均衡の必要性を説いた。　　　　（　　　　）

Work 　①教科書 p.12「クローズアップ②ファシズム」を参考にして，次の文章の〔ア〕〜〔ク〕に適語を書きなさい。

〔ア　　　　　　　　　　〕は，議会制民主主義を否定し，大衆の支持にもとづく独裁政治をおこなった政治体制である。1920〜30年代にかけて，イタリアでは〔イ　　　　　　　　　　〕のファシスト政権，ドイツではヒトラーの〔ウ　　　　　　〕政権が成立した。

　ファシズム政権は，狂信的な〔エ　　　　　　　〕をかかげ，対内的には〔オ　　　　　　〕により人権を弾圧し，対外的には〔カ　　　　　　　〕政策をとる，などという特徴があった。ナチスによるユダヤ人の大量虐殺（〔キ　　　　　　　　　　〕）はファシズムの恐ろしさを典型的に示すものであるが，ナチスが〔ク　　　　　〕を通じて政権を獲得した事実を忘れてはならない。

---

②教科書 p.13「クローズアップ③立憲主義」と下の図を参考にして，次の文中の〔ア〕〜〔ウ〕に適語を書きなさい。

〔ア　　　　　〕に従って政治をおこなうことを立憲主義というが，独裁政権や軍事政権のように，基本的人権を保障するために権力を制約するという考え方をとっていない〔ア〕をもつ国もある。よって，立憲主義には，「〔ア〕に従った政治」以上の内容が含まれている。それは権力の制約である。

　民主主義のもとでも，政府の活動がわたしたちの人権を侵害する可能性や，多数派が少数派を迫害する危険性があるため，個人の人権は〔イ　　　　　　　〕によっても侵害しえないという考え方が生まれた。その目的は〔ウ　　　　　〕を尊重することにある。

第1編　現代日本の政治　**9**

❹ 世界のおもな政治制度

▶教科書 **p.14〜17**

① _____

② _____

③ _____

④ _____

⑤ _____

⑥ _____

⑦ _____

⑧ _____

⑨ _____

⑩ _____

⑪ _____

イギリスの政治制度

・〔①　　　　　　　　　　〕…「君主は君臨すれども統治せず」

　　　　　　　　　　　　　　　国王に対する議会の優位が成立している

・〔②　　　　　　　　　　〕…議会の信任にもとづいて内閣が成立している

・二院制 { 上院（貴族院）…非民選。世襲貴族，聖職者，一代貴族

　　　　　 下院（庶民院）…民選。〔③　　　　　　　　　〕の原則

・内閣…首相は下院の多数党党首が国王により任命される

　　　　　→首相が内閣を組織

　　　　　　下院の信任を失うと，総辞職か総選挙をおこなって国民の意思を問う

・二大政党制…保守党と労働党が政権交代をくりかえしてきた

　　　　野党は〔④　　　　　　　　〕（シャドーキャビネット）を組織して政権交代にそなえる

・裁判所…2009 年に最高裁判所が設置された（それまでは上院の法律貴族が最高裁をつとめてきた）。違憲審査権をもたない

アメリカの政治制度

・〔⑤　　　　　　　　〕：各州が外交・同盟・関税などをのぞく行政上の権限をもつ。州議会，州裁判所あり

・〔⑥　　　　　　　　〕…三権が厳格に分離され，行政権は大統領に属する。

　　　　　　　　　　　　　大統領は合衆国陸海空軍の最高司令官

・二大政党制…共和党と民主党が政権交代をくりかえしてきた

　　　アメリカ大統領選挙：国民が大統領選挙人を選ぶ〔⑦　　　　　　〕選挙

・連邦議会（二院制）{ 上院…各州２名。行政府の主要人事への同意権や大統領の弾劾裁判権を有する

　　　　　　　　　　　 下院…人口比例で任期２年

・大統領と議会との関係

　　　大統領は議会への法案提出権や解散権なし

　　　〔⑧　　　　　　　〕発動や〔⑨　　　　　　　〕送付はできる

　　　議会は大統領が〔⑧〕を行使した法案を３分の２以上の賛成で再可決可能

・裁判所…〔⑩　　　　　　　　　　〕をもつ（判例で確立）

＊フランス・ロシアでは〔⑪　　　　　　　　　　　〕

　　　国家元首の大統領は直接選挙で選ばれる

　　　行政権は首相を長とする内閣に属し，内閣は議会に対して責任を負う

>>> **アメリカ大統領選挙**
大統領は，制度的には国民が大統領選挙人を選ぶ間接選挙で選出されるが，各州の大統領選挙人は州ごとの選挙民の判断に従って投票するので，実質的には，国民が直接選挙するのとかわらない。（→教p.14◆2）

中国の政治制度

・〔⑫   〕
　：人民を代表する合議体にすべての権力を集中し，権力分立を否定
・〔⑬   〕
　：国権の最高機関。年１回開催され，国家主席などを選出する
・〔⑬〕の下に〔⑭   〕（行政府）と
　　　　　　　〔⑮   〕（最高裁判所）
＊発展途上国の政治制度
　〔⑯   〕…アジアや南米ではかつて経済開発を目的として，
　　　　　　　　　　　独裁政治が行われていた

⑫	
⑬	
⑭	
⑮	
⑯	

正誤問題　　　次の文が正しい場合には○，誤っている場合には×を（　）に記入しなさい。

１．イギリスでは行政は内閣がおこない，国王は政治に関する権力をもたない。　　　（　　　　）

２．イギリスの議院内閣制とは，内閣が，国民の代表である上院（貴族院）の信任にもとづいて成立する
　　制度である。　　　　　　　　　　　　　　　　　　　　　　　　　　　　　　　（　　　　）

３．アメリカ大統領は，法案提出権と議会で可決した法律案への拒否権をあわせもつ。　（　　　　）

４．アメリカの裁判所には違憲審査権があるが，実際には議会や行政府に対する抑制機能はない。
　　　　　　　　　　　　　　　　　　　　　　　　　　　　　　　　　　　　　　　（　　　　）

５．アメリカは，共和党と民主党の二大政党制の国である。　　　　　　　　　　　　（　　　　）

６．フランスやドイツにはそれぞれ大統領と総理大臣（首相）の両方がいるが，ドイツでは首相の権限が
　　強く，フランスでは大統領の権限が強い。　　　　　　　　　　　　　　　　　　（　　　　）

７．中国では全国人民代表大会が国権の最高機関で，国政全体に共産党の強力な指導がある。（　　　　）

Work　イギリスおよびアメリカの政治制度の図中にある（　　）に適する語を解答欄に記しなさい。

イギリスの（d）　　　　　　　　　　アメリカの（h）

a		b		c		d	
e		f		g		h	

❶ 日本国憲法の成立

▶教科書 p.18～19

① _____

② _____

③ _____

④ _____

⑤ _____

⑥ _____

⑦ _____

⑧ _____

⑨ _____

⑩ _____

⑪ _____

⑫ _____

⑬ _____

⑭ _____

明治憲法下の政治 ●

・1889年〔① 　　　　　　　　　　　〕（明治憲法）制定

・明治憲法の特徴：〔② 　　　　　　　　　〕

　　　　　　　　　実質的には絶対主義的な色彩の濃いもの

・〔③ 　　　　　　　　〕：天皇が定める憲法⇔民定憲法

・〔④ 　　　　　　　　〕：天皇が統治権を総攬

・〔⑤ 　　　　　　　　　〕：軍隊の指揮命令権は天皇の大権として運用

・「〔⑥ 　　　　　　　　〕」：恩恵的に国民に与えられた権利は，「法律ノ範囲
　　　　　　　　　　　　　　内」で認められた（〔⑦ 　　　　　　　〕）

・大正時代の運用

　〔⑧ 　　　　　　　　　　　〕

　　…立憲主義的な側面が重視され，政党内閣誕生

　1925年　男子普通選挙制度が定められる

　〔⑨ 　　　　　　　〕は「民本主義」を唱えた

・大正末期～昭和時代の運用

　1925年　〔⑩ 　　　　　　　　　〕制定…社会主義運動の弾圧が目的

　　　　　　➡労働運動や自由主義的な言論弾圧，宗教弾圧へ

　軍国主義体制のもと，戦争に突入

　1941年　対米英戦争（太平洋戦争）につき進み，第二次世界大戦に参戦

>>>〔③〕と民定憲法
大日本帝国憲法のように，君主主権の原理に基づき，君主が制定した憲法を〔③〕と呼ぶ。一方，日本国憲法のように，国民主権の原理に基づき，国民が制定した憲法を民定憲法と呼ぶ。
（→教p.18◆1）

日本国憲法の成立 ●

・1945年8月14日　〔⑪ 　　　　　　　　　　〕を受諾，連合国に無条件降伏

　日本の非武装化，民主主義の復活・強化，基本的人権の尊重などの占領政策実施

・明治憲法の改正

1945年 10月11日	連合国軍総司令部（〔⑫ 　　　　　　〕）の最高司令官である 〔⑬ 　　　　　　　　　　〕が憲法改正を示唆
1946年 2月8日	日本政府は，改正案（〔⑭ 　　　　　　〕）をまとめる 　…天皇の統治権を維持する内容
2月13日	〔⑭〕の内容を知った〔⑬〕が，〔⑫〕民政局に起案を命じた， 〔⑬〕草案が完成し日本政府に公布される
3月6日	日本政府，〔⑬〕草案をもとにした政府案を発表
6月20日	憲法改正案が帝国議会に提出される（10月7日に修正可決）
11月3日	日本国憲法 公布→翌年5月3日施行

次の文が正しい場合には○，誤っている場合には×を（ ）に記入しなさい。

1．大日本帝国憲法下では，軍隊の統帥権は天皇の大権事項とされ，議会や内閣もこれに関与できなかった。 （ ）

2．大日本帝国憲法下で国民の人権は「臣民ノ権利」として，侵すことのできない永久の権利として認められていた。 （ ）

3．マッカーサーの憲法改正の示唆を受け，日本政府は，象徴天皇制を内容とする松本案をまとめた。 （ ）

4．日本国憲法は，明治憲法の改正手続に則って成立した。 （ ）

5．第90帝国議会では，日本政府の憲法改正案を修正することなく可決した。 （ ）

6．憲法制定の年におこなわれた世論調査では，象徴天皇制を支持し，戦争放棄を必要とする国民が過半数を占めていた。 （ ）

Work 教科書p.18資料1「明治憲法下の政治機構」を参考にして，次の図の（a）～（f）に適する語句を，解答欄に記入しなさい。

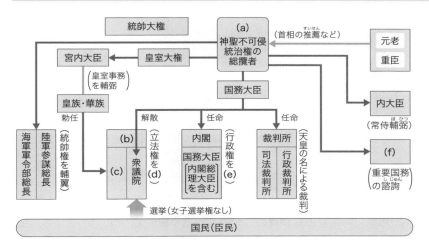

a		b		c	
d		e		f	

✓Check 1教科書p.18資料1「明治憲法下の政治機構」とp.40資料4「わが国の三権分立」を比較して，大日本帝国憲法（明治憲法）下と日本国憲法下での「国民の立場」の違いをまとめた下の文章の〔ア〕～〔エ〕に適語を書きなさい。

　大日本帝国憲法においては，国民の権利は「〔ア　　　　　〕ノ権利」として，「〔イ　　　　　〕ノ範囲内」で認められているにすぎず，〔ウ　　　　　　〕として保障されるものではなかった。

　これに対して，日本国憲法においては前文において「ここに〔エ　　　　〕が国民に存することを宣言し，」とあるように，〔エ〕者として定められている。このことは，国民〔エ〕として，〔ウ〕の尊重，恒久平和主義とともに，三大基本原理となっている。

❷ 日本国憲法の基本原理

▶教科書 **p.20〜21**

① _____

② _____

③ _____

④ _____

⑤ _____

⑥ _____

⑦ _____

⑧ _____

⑨ _____

⑩ _____

⑪ _____

⑫ _____

⑬ _____

⑭ _____

⑮ _____

⑯ _____

>>> **解釈改憲**
明文改正の手続をとらず，憲法解釈の変更によって，憲法の内容を実質的に変更するやり方を批判する際，解釈改憲という言葉が使われる。
（→教p.21KEYWORD）

・日本国憲法の三大基本原理：〔①　　　　　　　〕，〔②　　　　　　　〕の尊重，恒久〔③　　　　　　　〕

国民主権

・天皇の地位は，日本国および日本国民統合の〔④　　　　　　　〕とされた
・天皇は，形式的・儀礼的な〔⑤　　　　　　　〕のみをおこない，政治的な権能はもたない
　　→〔⑥　　　　　　　〕の助言と承認によりおこなう
　　　内閣総理大臣や最高裁判所長官の任命，法律の公布，国会の召集など

基本的人権の尊重

・憲法第13条　〔⑦　　　　　　　〕の尊重を明記
・基本的人権は，「侵すことのできない永久の権利」

平和主義

・憲法前文：全世界の国民の〔⑧　　　　　　　　　〕の保障を明記
・第９条：〔⑨　　　　　　　〕，戦力の不保持，交戦権の否認

最高法規性

・憲法は国の〔⑩　　　　　　　〕：憲法に違反する法律などは効力を有しない
・〔⑪　　　　　　　〕（第99条）
　　：天皇・摂政および国務大臣，国会議員，裁判官その他の公務員が負う

憲法改正

・〔⑫　　　　　〕憲法：改正には厳格な手続きが定められている⇔軟性憲法
・憲法第96条　両議院の総議員の３分の２以上の賛成で〔⑬　　　　　　〕が改正案を発議

　　　⬇

　〔⑭　　　　　　　〕で〔⑮　　　　　　　〕の賛成による承認

　　　⬇

　　天皇が公布

・〔⑭〕法（2007年公布，2010年施行，2014年改正）
　正式名称「日本国憲法の改正手続に関する法律」
　国民投票のテーマは憲法改正に限定
　投票年齢は18歳以上の日本国民
　公務員と教育者の国民投票運動は制限
　テレビなどによる広告は禁止
・憲法改正への動き
　両院の〔⑯　　　　　　　〕で議論
　　争点：第９条や新しい人権など

次の文が正しい場合には○，誤っている場合には×を（　）に記入しなさい。

1．日本国憲法下では天皇は自らの判断で衆議院を解散したり，内閣総理大臣を任命したりすることができる。　　　　　　　　　　　　　　　　　　　　　　　　　　　　　　　　　　　　（　　　）

2．日本国憲法は国内での最高法規とされ，その改正には厳格な手続きが定められているので「硬性憲法」である。　　　　　　　　　　　　　　　　　　　　　　　　　　　　　　　　　　　　（　　　）

3．日本国憲法では，憲法尊重擁護義務を国民に課すことが明記されている。　　　　　（　　　）

4．国民投票法により，首相を公選することができる。　　　　　　　　　　　　　　　（　　　）

5．国民投票法はすでに施行されており，投票できるのは，18歳以上の日本国民と規定されている。　　　（　　　）

Work 教科書 p.20 資料❷「日本国憲法と大日本帝国憲法の比較」を参考にして，次の新旧両憲法における政治体制をまとめた表を完成させなさい。

	日本国憲法	大日本帝国憲法
主　　権	〔①　　　　　　〕主権	〔②　　　　　　〕主権
天　　皇	日本国および日本国民統合の〔③　　　　　　〕	神聖不可侵で，〔④　　　　　　〕として統治権を総攬
戦争と軍　隊	恒久平和主義（戦争の放棄，戦力の不保持，交戦権の否認）	天皇に直属する陸海軍〔⑤　　　　　　〕の独立
国民の権　利	永久不可侵の基本的人権	「臣民」としての権利〔⑥　　　　　　〕によればいかなる制限も可能
議　　会	〔⑦　　　　　　〕の最高機関	天皇の立法権に〔⑧　　　　　　〕する機関
内　　閣	〔⑨　　　　　　〕の最高機関	各国務大臣が天皇を〔⑩　　　　　　〕する
裁判所	〔⑪　　　　　　　　〕を保障	天皇の名による裁判
地方自治	〔⑫　　　　　　　　〕を尊重	規定なし
改　　正	国会の発議→〔⑬　　　　　　〕	天皇の発議→議会の議決

✓Check 教科書 p.20 資料❷「日本国憲法と大日本帝国憲法の比較」　二つの憲法を比較して最も異なる点は何か。説明文として適当なものを一つ選びなさい。

① 大日本帝国憲法は改正ができないが，日本国憲法は改正の手続きが定められている。

② 大日本帝国憲法の主権は天皇にあるのに対し，日本国憲法の主権は国民にある。

③ どちらの憲法も天皇の地位は日本国民統合の象徴だが，大日本帝国憲法では，天皇は元首としての地位ももつ。

④ 日本国憲法では内閣総理大臣の地位が規定されているが，大日本帝国憲法では，天皇がその地位を兼ねている。

❸ 自由に生きる権利（1）

▶教科書 **p.22〜23**

① _____

② _____

③ _____

④ _____

⑤ _____

⑥ _____

⑦ _____

⑧ _____

⑨ _____

⑩ _____

⑪ _____

⑫ _____

⑬ _____

⑭ _____

⑮ _____

⑯ _____

⑰ _____

■ 自由権の保障

・基本的人権の考え方の基礎…〔①　　　　　　　　　〕の尊重（第13条）

・自由権…わたしたちは，他人の自由や権利を侵さないかぎり，〔②　　　　　　〕からの干渉を受けずに自由に行動できる

■ 精神の自由

・〔③　　　　　　　　〕の自由（第19条）

　…精神活動が個人の内面にとどまるかぎり，絶対的に保障される

　判例　〔④　　　　　　　〕訴訟

　　　　　…最高裁は憲法の人権保障規定は企業などの私人には直接適用できないと判断

・〔⑤　　　　　〕の自由（第20条）

　…信仰の自由，宗教的行為の自由，宗教的結社の自由

　明治憲法下では，〔⑥　　　　　　　〕

　　…神道（神社）が事実上の国教とされていた

　日本国憲法では，〔⑦　　　　　　　　　　　〕を詳細に定めている

　　…国家と宗教の結びつきを否定する

　争点　〔⑧　　　　　　　　〕公式参拝問題

　　　　　〔⑧〕…軍人などの戦没者の霊をまつる神社として国家神道の中心的存在。戦後は一宗教法人

　　　　　　　→しかし，A級戦犯刑死者が合祀されている

　　　　∴首相や閣僚の公式参拝に対して，政教分離違反の疑いあり

　　　　　（最高裁は，憲法判断をしたことはない）

　判例　〔⑨　　　　　　　　〕訴訟

　　　　　…神社神道方式の地鎮祭は目的効果基準で考えて，合憲

　　　　　〔⑩　　　　　　　　　〕訴訟…玉ぐし料の公金支出は，違憲

　　　　　〔⑪　　　　　　　　　〕訴訟…公有地の神社への無償提供は，違憲

・〔⑫　　　　　〕の自由（第21条）…集会，結社や言論，出版などの自由

　民主主義の基礎…自由に意見を述べ，議論する

　∴表現の自由の制限は，必要最小限度でなくてはならない

　　マス・メディアには〔⑬　　　　　　　　〕の自由を保障

　　　…国民の〔⑭　　　　　　　〕に奉仕

　　〔⑮　　　　　　〕の禁止や〔⑯　　　　　　　　　〕も保障

　判例　立川反戦ビラ事件…自衛隊のイラク派遣に反対するビラ投函は，住居侵入で違法

・〔⑰　　　　　〕の自由（第23条）…学問研究の自由，研究発表の自由，教授の自由

　明治憲法下では，大学の自治が制限された

次の文が正しい場合には○，誤っている場合には×を（ ）に記入しなさい。

1．日本国憲法が保障する思想・良心の自由は，個人の内面に関わるものなので絶対的に保障される。

（ 　 ）

2．国家やその機関の行為が宗教的な目的をもち，その効果が宗教に対する援助や圧迫になる行為であると判断できるときは，政教分離の原則に反することになる。 （ 　 ）

3．津地鎮祭訴訟と愛媛玉ぐし料訴訟は，地方公共団体が公金を宗教的行事に使ったとしてどちらも最高裁で違憲判決が出ている。 （ 　 ）

4．内閣総理大臣が靖国神社に参拝することは，表現の自由を侵害する問題であるとして，訴訟がおこされたことがある。 （ 　 ）

5．憲法は，公権力が表現物の内容を事前に審査し，不適当と認めるものの発表を禁止させることを絶対的に禁止している。 （ 　 ）

6．日本国憲法は，精神的自由権として，思想・良心の自由，信教の自由，表現の自由のみを保障している。

（ 　 ）

Work 教科書p.23資料1「日本国憲法の基本的人権」を参考にして，次の表を完成させなさい。

自由権	〔①　　　　　〕の自由	思想・良心の自由 信教の自由 集会・結社・表現の自由 学問の自由	⑤（　　　　）権	生存権 教育を受ける権利 勤労権 勤労者の団結権・団体交渉権・団体行動権
	〔②　　　　　〕の自由	奴隷的拘束および苦役からの自由 法定手続きの保障 不法に逮捕されない権利 住居の不可侵 拷問・残虐刑の禁止 刑事被告人の権利	⑥（　　　　）権	公務員の選定・罷免の権利 最高裁判所裁判官の国民審査権 地方公共団体の長・議員の選挙権 憲法改正の国民投票　など
	〔③　　　　　〕の自由	居住・移転および職業選択の自由 財産権の保障	⑦（　　　　）権	請願権 国家賠償請求権 裁判を受ける権利 刑事補償請求権
〔④　　　　　〕権		法の下の平等 男女の本質的平等 参政権の平等	（　　　　）権	

✓Check 教科書 p.23 資料1「日本国憲法の基本的人権」を参考にして，人身の自由に関する条文が多い理由を説明した次の文章の空欄に適語を書きなさい。

　　〔 　　　　　　　 〕のもとで拷問による自白の強要などがおこなわれた反省から，日本国憲法は，人身の自由を詳細に規定している。

❹ 自由に生きる権利（2）

▶教科書 **p.24〜25**

① _____

② _____

③ _____

④ _____

⑤ _____

⑥ _____

⑦ _____

⑧ _____

⑨ _____

⑩ _____

⑪ _____

⑫ _____

⑬ _____

⑭ _____

⑮ _____

⑯ _____

⑰ _____

█ 人身の自由 ◖

・〔①　　　　　　　〕の自由

　　　：不当な逮捕・監禁・拷問や恣意的な刑罰権の行使からの自由

　憲法第18条　〔②　　　　　　　　　　〕や苦役からの自由

　　　第36条　〔③　　　　　　　〕・残虐刑の禁止

　　　第33条，第35条　〔④　　　　　　　〕主義：逮捕・捜索・押収には原則と
　　　　　　　　　　　　　　　　　　　　　　して〔④〕が必要

　　　第34条，第37条　〔⑤　　　　　　　　　　〕

　　　第38条　〔⑥　　　　　　　　〕

　　　第31条　〔⑦　　　　　　　　　　　〕

　　　　　　　：何が犯罪行為で，どんな刑罰がされるのかを，事前に
　　　　　　　　明確に法律で定めておかねばならない

　　　　　　〔⑧　　　　　　　　　　〕の保障

　　　　　　　：刑罰を科すには法に定める適正な手続きによる

・人身の自由の保障は，〔⑨　　　　　　　〕（無実の罪）をふせぐためにも厳格に
　守られなければならない

・一方で，〔⑩　　　　　　　　　〕の人権への配慮も強く求められるようになっ
　た

　　　2000年　「〔⑩〕保護法」成立

　　　2004年　「〔⑪　　　　　　　　　　　　〕」成立

　＊　判例　死刑は残虐な刑罰とはいえず合憲（最高裁1948年）

　　　　死刑廃止国の増加，死刑廃止条約（1989年採択，1991年発効）

█ 経済活動の自由 ◖

・〔⑫　　　　　　　　　〕の自由…資本主義の発達を法の側面からささえてきた

　憲法第22条　〔⑬　　　　　　　　　〕の自由，居住・移転の自由，外国移住・
　　　　　　　　国籍離脱の自由

　　　第29条　〔⑭　　　　　　　〕の保障

　　　　　　　　：公共のために私有財産が制限される場合は，

　　　　　　　〔⑮　　　　　　　　　　〕が必要

・貧富の差や社会的不公平を背景に，合理的な基準で「〔⑯　　　　　　　　　〕」
　による制限を受ける

【冤罪はなぜおきるのか】

・足利事件では，〔⑰　　　　　　　〕で菅家さんの無罪が確定した

　〔⑰〕制度：有罪判決の確定後に，無罪とすべき新証拠が出てきた場合，
　　　　　　　裁判をやり直す制度

　なぜ冤罪がおきるのか？

　　　・密室での長時間にわたる取調べ…警察の留置所の代用

　　　・検察官が警察の捜査の問題点をただしていないケース

・自白を重んじた捜査や裁判

→取調べの〔⑱　　　　　〕（録音・録画）や被疑者段階の
　国選弁護人依頼の拡充が検討・実施されている

⑱

正誤問題　次の文が正しい場合には○，誤っている場合には×を（　）に記入しなさい。

１．最高裁判所は，死刑は憲法が禁ずる残虐刑に当たるとして，違憲判決を出したことがある。（　　　）

２．死刑制度を法律上または事実上廃止している国は100か国以上で，死刑廃止条約も発効している。

（　　　）

３．犯罪被害者は，刑事裁判で意見を陳述したり，公判記録を閲覧したりすることができる。（　　　）

４．精神の自由の制限も経済活動の自由の制限も，裁判所は同じ基準で，合憲か違憲かを判断している。

（　　　）

Work　①教科書 p.24 資料①「刑事手続きの流れと人権保障」を参考にして，次の図の（ A ）～
（ E ）に適する語を解答欄に記しなさい。

地位	手続きの流れ	拘束場所	機関	憲法の条項
(A)	逮捕 48時間以内 / 送検 24時間以内 / 勾留決定 20日以内 / (C)	警察の留置場 / 代用刑事施設	警察 / (D)	●第31条-適正手続きの保障 / ●第33条-令状主義 / ●第35条-令状主義 / ●第34条-抑留・拘禁に対する保障 / ●第36条-拷問の禁止 / ●第38条-供述の不強要，自白の証拠能力
(B)	裁判	拘置所	裁判所	●第32条-裁判を受ける権利 / ●第37条-刑事被告人の諸権利 ①公平・迅速・(E)を受ける権利 ②証人審問・証人を求める権利 ③弁護人依頼権
受刑者	有罪	刑務所	刑務所	●第36条-残虐な刑罰の禁止
	無罪			●第40条-刑事補償

(A)	
(B)	
(C)	
(D)	
(E)	

②教科書 p.24 資料②「死刑制度の存廃」を参考にして，下の意見を A. 死刑存置に賛成，B. 死刑廃止に賛成に分類し，記号を書きなさい。

ア．死刑がなくなると，凶悪犯罪が増加しそうだ。

イ．個人が殺人をおかすと罪なのに，国家が殺人をおかしてもいいのか。

ウ．どんな人でも，過ちを悔い改め更生するチャンスを与えられるべきだ。

エ．凶悪な犯人を生かしておくと，再犯の可能性がある。

オ．犯人は刑務所などで罪の償いをさせるほうが，社会にとっても有益である。

カ．自分の大切な人を死に至らしめた人が，生きているのは納得できない。

キ．自身の生命をもって償うべき犯罪がある。

ク．冤罪で捕まった人は，死刑執行後にはとりかえしがつかない。

　　A. 死刑存置に賛成　　　　　　　　　　　B. 死刑廃止に賛成

❺ 平等に生きる権利

▶教科書 **p.26～27**

① _____

② _____

③ _____

④ _____

⑤ _____

⑥ _____

⑦ _____

⑧ _____

⑨ _____

⑩ _____

⑪ _____

⑫ _____

⑬ _____

⑭ _____

>>> **門地**
家柄，家の格のこと。

>>> **婚外子相続格差規定訴訟**
婚外子（婚姻外で生まれた子。非嫡出子）の法定相続分を嫡出子の半分と定めていた民法の規定は，憲法第14条で保障されている法の下の平等の原則に反すると，2013年に最高裁が違憲判決を下した。（→教 p.26判例❶）

平等権の保障

・〔①　　　　　　　〕
　…自由権と並び，近代市民社会では欠かすことのできない基本的人権

憲法第14条　❶すべて国民は，「〔②　　　　　　　〕」に平等であって，〔③　　　　　〕，信条，〔④　　　　　〕，社会的身分又は門地により，政治的，経済的又は社会的関係において，差別されない。

第24条　❷配偶者の選択，財産権，相続，住居の選定，離婚並びに婚姻及び家族に関するその他の事項に関しては，法律は，個人の尊厳と〔⑤　　　　　　　　　〕に立脚して，制定されなければならない。

第15条　❸公務員の選挙については，成年者による〔⑥　　　　　　　〕を保障する。

第26条　❶すべて国民は，法律の定めるところにより，その能力に応じて，ひとしく教育を受ける権利を有する。
　　　　：教育の〔⑦　　　　　　　〕の保障

社会のなかのさまざまな差別

1 女性差別

1985年　〔⑧　　　　　　　　　　　〕制定
　　　　➡〔⑨　　　　　　　　　　　〕批准（1979年採択）

1991年　育児休業法（➡ 1995年　育児・介護休業法）

1999年　〔⑩　　　　　　　　　　　〕制定
　　　　〔⑪　　　　　　　　　　〕（社会的・文化的に作られた性差）にもとづく差別は依然解消されていない

　　|判例|　**男女昇格差別訴訟（芝信用金庫訴訟）**
　　　…男性優遇の人事を認め，男性と同じ昇格と差別賃金の支払いを認めた

2 部落差別

1922年　被差別部落の人々は「〔⑫　　　　　　　　　〕」を結成
　　　　➡水平社宣言を発表

1965年　政府は〔⑬　　　　　　　　　　　〕を発表
　→しかし，職業，居住，結婚などの面で差別がみられる

3 民族差別・外国人差別

・アイヌの人々：北海道に住む少数民族

1997年　〔⑭　　　　　　　　　　　〕制定
　　　　北海道旧土人保護法（1899年）廃止

2008年　「アイヌ民族を先住民族とすること」を求める国会決議
　　　　「先住民の権利に関する国連宣言」（2007年）を背景とする

2019年　〔⑮　　　　　　　　　　　〕

　　　　　…法律上はじめてアイヌを先住民族と明記

・在日外国人の権利

　1999年　指紋押捺強制が廃止

　→しかし，在日韓国人・朝鮮人の人々など外国人に対するさまざまな差別は

　　残っている

④ 障がい者差別

　1993年〔⑯　　　　　　　　　　　〕制定…自立と社会参加を支援

　しかし，就職などにおける差別は残っている

　　判例 〔⑰　　　　　　　　　　　〕国家賠償訴訟

　　　　　…熊本地裁は国の責任を認めた

　　　　　　　→元患者への補償，名誉回復，年金創設など

⑮

⑯

⑰

正誤問題　　　次の文が正しい場合には○，誤っている場合には×を（　）に記入しなさい。

1．日本国憲法第14条では，人種や性別によって差別してはならないことが明記されている。（　　　　）

2．日本国憲法の第14条は平等についての規定を網羅しているので，そのほかの条文には平等について
　触れたものはない。　　　　　　　　　　　　　　　　　　　　　　　　　　　　　　　　（　　　　）

3．男女共同参画社会基本法の制定を受けて，日本は，女性差別撤廃条約を批准した。　　（　　　　）

4．同和問題とは日本に居住する少数民族であるアイヌの人々や定住外国人の人たちとおたがいに尊重し
　あいながら共生することについての問題をさす。　　　　　　　　　　　　　　　　　　（　　　　）

5．部落差別の問題は職業選択，居住，結婚などにおける差別としてあらわれていたが，全国水平社の運
　動や政府によるいくつかの立法で完全に解決された。　　　　　　　　　　　　　　　　（　　　　）

6．アイヌ文化振興法は，2008年の国会決議を受けて改正され，アイヌ民族の先住民族としての権利が
　明記されるようになった。　　　　　　　　　　　　　　　　　　　　　　　　　　　　（　　　　）

7．障害者基本法が制定されても，障がい者の就職についての差別は完全には解消されていない。

　　　（　　　　）

Work　　① 次の差別は何に違反しているか。法律名や，憲法の条文を答えなさい。

①募集採用にあたって，

　・男女のいずれかを優先すること。

　・労働者の身長，体重または体力などを要件とすること。　　　　　〔　　　　　　　　　　　〕

②内縁関係にある日本国民の父と外国人の母からうまれ，出生後に認知を受けた子について，国籍法が
日本国籍の取得を認めていなかった。　　　　　　　　　　　　　　　〔　　　　　　　　　　　〕

② 教科書p.26　なるほどQ＆A「平等権の保障とは?」を参考にして，次の事柄は，a.形式的な平等，b.実
　質的な平等のどちらをめざしたものか，答えなさい。

(1)　受験者の属性に関係なく，試験の点数が高い順で大学に入学させる。　　　　　　〔　　　　〕

(2)　議員のうち一定割合以上を女性としなければならないという割当制（クオータ制）にする。

　　　　　　　　　　　　　　　　　　　　　　　　　　　　　　　　　　　　　　　〔　　　　〕

(3)　障がい者の雇用を大企業に義務づける。　　　　　　　　　　　　　　　　　　　〔　　　　〕

❻ 社会権と参政権・請求権

▶教科書 **p.28～29**

① _____
② _____
③ _____
④ _____
⑤ _____
⑥ _____
⑦ _____
⑧ _____
⑨ _____
⑩ _____
⑪ _____
⑫ _____
⑬ _____
⑭ _____
⑮ _____
⑯ _____
⑰ _____
⑱ _____
⑲ _____

社会権とは

・〔①　　　　　　　〕…20世紀的人権，国に対して積極的な施策を要求する権利
・日本国憲法で保障しているのは大別すると３つ
　　　　：〔②　　　　　　　〕，教育を受ける権利，労働基本権

生存権

・憲法第25条　❶すべて国民は〔③　　　　　　　　　　　　　　　〕の
　　　　　　　　生活を営む権利を有する
　　　　　　　❷国は，すべての生活部面について，社会福祉，〔④
　　　　　　　　　　　　〕及び公衆衛生の向上及び増進に努めなければならない。
　判例 〔⑤　　　　　　〕訴訟…〔⑥　　　　　　　　　　　　　〕を採用
　　　　　　　　　　　　　　　　→憲法第25条は，個々の国民に具体的権利
　　　　　　　　　　　　　　　　　を与えたものではない（生活保護基準は厚
　　　　　　　　　　　　　　　　　生大臣の裁量）

教育を受ける権利

・人は教育を受け，学習し，成長・発達していく固有の権利がある
　…学習権を保障
・憲法第26条　❶すべて国民は，法律の定めるところにより，その能力に応
　　　　　　　　じて，ひとしく〔⑦　　　　　　　　　　　　〕を有する。
　　　　　　　❷すべて国民は，法律の定めるところにより，その保護する
　　　　　　　　子女に普通教育を受けさせる義務を負ふ。義務教育は，これ
　　　　　　　　を〔⑧　　　　　〕とする。

労働基本権

・使用者に対して弱い立場にある労働者の人間らしい生活の維持を保障
・憲法第27条　❶すべて国民は，〔⑨　　　　　　　　　〕を有し，義務を負う
　憲法第28条　勤労者の〔⑩　　　　　　　　　〕及び〔⑪　　　　　　　　　〕
　　　　　　　　その他の団体行動をする権利はこれを保障する。
　　＊〔⑫　　　　　　　〕：団結権・団体交渉権・団体行動権の総称
　・これらの権利を保障するため，労働三法（〔⑬　　　　　　　〕法，
　　〔⑭　　　　　　〕法，〔⑮　　　　　　　〕法）を制定
　　＊公務員労働者はストライキの禁止など〔⑫〕がきびしく制限されている

参政権・請求権

・〔⑯　　　　　〕権：主権者である国民が政治に参加する権利
　公務員の〔⑰　　　　　　　　〕を保障（第15条）
　選挙について，普通選挙・平等選挙・投票の秘密を保障（第15条）
　直接民主制的な権利として３つを保障
　　ⅰ）最高裁判所裁判官の〔⑱　　　　　　　〕（第79条）
　　ⅱ）地方特別法の住民投票（第95条）
　　ⅲ）〔⑲　　　　　　　〕の国民投票（第96条）

>>> **労働三権と労働三法**
勤労権や労働三権の保障は，労働者と使用者が対等に交渉できるようにしているが，それを具体的に保障するため労働三法が制定されている。

・〔⑳　　　　　　〕権：基本的人権を確保するため，国家に積極的な行為を
　　　　　　　　　　　　求める権利
　〔㉑　　　　　　〕権（第16条），国家賠償請求権（第17条）
　〔㉒　　　　　　　　　〕権利（第32条），刑事補償請求権（第40条）など
　を保障

㉑ _____
㉒ _____
⑳ _____

正誤問題　　次の文が正しい場合には○，誤っている場合には×を（　）に記入しなさい。

1．社会権の理念をはじめて規定したのは，ドイツのワイマール憲法である。　　（　　　）
2．日本国憲法が保障する参政権は選挙権だけである。　　　　　　　　　　　　（　　　）
3．生存権のプログラム規定説が最高裁で採用されたことはない。　　　　　　　（　　　）
4．生存権について争われた裁判である朝日訴訟で，最高裁は違憲判決を出した。（　　　）
5．日本国憲法には，裁判を受ける権利の保障が明記されている。　　　　　　　（　　　）

Work　　**①次の事柄はどんな権利の保障に関連しているか答えなさい。**

1．ハローワークで職業紹介をしてもらった。　　　　　　　　　　　〔　　　　　　　　　〕
2．イラクへの自衛隊派遣反対の署名やデモ行進をおこなった。　　　〔　　　　　　　　　〕
3．保健所で，乳児検診をしてもらい，予防接種を受けた。　　　　　〔　　　　　　　　　〕
4．小学校に子どもが入学し，教科書を無料で配布してもらった。　　〔　　　　　　　　　〕
5．アルバイトではたらく人同士で，労働組合をつくることができた。〔　　　　　　　　　〕

②教科書p.28〜29の判例を参考にして，次の表を完成させなさい。

訴　訟	内　容	関連する権利
〔①　　　　　　〕訴訟	生活扶助費の打ち切り処分の取り消しを求めた。生活保護基準が「〔②　　　　　　〕で〔③　　　　　　　〕な最低限度の生活」の保障に十分かが争われた。	憲法 第〔⑥　　　〕条 〔⑦　　　　〕権
〔④　　　　　　〕訴訟	障害福祉年金と児童扶養手当の併給禁止の規定は違憲ではないかが争われた。	
〔⑤　　　　　　〕訴訟	学資保険金分の生活保護費削減の処分の取り消しを求めた。	

③次の請求権に関する憲法の条文の〔ア〕〜〔エ〕に適語を書きなさい。

第16条　〔ア　　　　　　　〕も，損害の救済，〔イ　　　　　　　〕の罷免，法律，命令又は規則の制定，廃止又は改正その他の事項に関し，〔ウ　　　　　　　〕に請願する権利を有し，〔ア〕も，かかる請願をしたためにいかなる差別待遇も受けない。

第17条　〔ア〕も，〔イ〕の不法行為により，損害を受けたときは，法律の定めるところにより，国又は公共団体に，その賠償を求めることができる。

第32条　〔ア〕も，裁判所において裁判を受ける権利を奪はれない。

第40条　〔ア〕も，抑留又は拘禁された後，〔エ　　　　　　　〕の裁判を受けたときは，法律の定めるところにより，国にその補償を求めることができる。

❼ 新しい人権

▶教科書 **p.30〜31**

①_____

②_____

③_____

④_____

⑤_____

⑥_____

⑦_____

⑧_____

⑨_____

⑩_____

⑪_____

環境権

・1960年代（高度経済成長期）…公害が社会問題化

　〔①　　　　　　　　　　　　〕では，すべて原告側（住民側）が勝訴

　　　→企業は損害賠償をおこなった

　　　しかし，損害賠償では失われた生命や健康被害は取り返しがつかない

・〔②　　　　　　　　　〕の主張…良好な環境を享受する権利

　　具体的な権利として，日照権，静穏権，景観権など

　　判例　国立マンション訴訟…住民側が敗訴したものの，最高裁は良好な景
　　　　　　　　　　　　　　　観を享受する景観利益を認めた

プライバシーの権利

・情報伝達手段が発達するなかで主張されるようになった

・〔③　　　　　　　　　　　　〕の権利：私生活をみだりに公開されない権利

　　　→自己情報をコントロールする権利

　　判例　『石に泳ぐ魚』事件…最高裁は，プライバシー侵害を理由に，はじ
　　　　　　　　　　　　　　　めて小説の出版差し止めを認めた

・〔④　　　　　　　　　　　〕の保護

　　　…〔⑤　　　　　　　　　　　〕（1999年）の運用に問題点の指摘あり

【個人情報管理のための法整備】

　　2002年　住基ネット稼働…改正住民基本台帳法による

　　2003年　〔⑥　　　　　　　　　　　　〕制定

　　　　　　　…行政機関や民間業者に個人情報の適正な取り扱いを義務づけ

　　2013年　共通番号法（〔⑦　　　　　　　　　　　　〕）が制定

　　　　　➡2016年より運用開始

>>> 環境権に関する判例
・大阪空港公害訴訟
・国立マンション訴訟
いずれの裁判でも環境権は
認められなかった。
（→教p.30判例❶❷）

知る権利

・主権者である国民が情報を知り，正しい政治判断をおこなうことが民主政治
　にとって大切

・〔⑧　　　　　　〕権利：国および地方公共団体に情報を公開させる権利

　　　⬇　情報公開条例の制定が進む

　　1999年　〔⑨　　　　　　　　　〕制定

　　2013年　〔⑩　　　　　　　　　　　　〕制定

・〔⑪　　　　　　　　　　〕

　　　：国民がマス・メディアに接近して，意見発表の場を提供することを要
　　　　求する権利

　　　　反論権を含むが，マス・メディアの報道の自由との関係で最高裁は慎
　　　　重な姿勢

>>> 〔⑤〕
一定の条件下で，裁判所の
令状によって捜査機関が電
話やインターネットなどの
通信を傍受することを認め
た法律。通信の秘密や〔③〕
の侵害などの危険性が指摘
されている。（→教p.30❶）

【自己決定権】

・〔⑫　　　　　　　　　　　〕
　：個人が一定の私的なことがらについて，みずから決定することができる
　　権利。治療法や治療拒否，妊娠・中絶など

・医療現場では〔⑬　　　　　　　　　　　　　　　　〕（患者への説明
　と同意）の確立が必要

⑫＿＿＿＿＿＿＿＿＿＿＿

⑬＿＿＿＿＿＿＿＿＿＿＿

正誤問題　　　次の文が正しい場合には○，誤っている場合には×を（　）に記入しなさい。

1．新しい人権は法制化されると同時に日本国憲法にも追加されている。　　　　（　　）
2．環境権は最高裁判所の判決でも明確に認められるようになった。　　　　　　（　　）
3．情報公開法にもとづき情報公開請求をすれば，すべての情報について開示が可能である。（　　）
4．情報公開法の目的は「知る権利」の保障と明記されている。　　　　　　　　（　　）
5．最高裁は，通信傍受法がプライバシーを侵害するとして違憲判決を出したことがある。　（　　）
6．個人がマス・メディアに意見広告や反論記事を載せてもらう権利は，アクセス権とよばれる。
　　　　　　　　　　　　　　　　　　　　　　　　　　　　　　　　　　　　（　　）

Work　　1 次の判決と関連する権利を線で結びなさい。

1．『宴のあと』事件　　・　　　　　　　　・ア．環境権
2．国立マンション訴訟　・　　　　　　　　・イ．プライバシーの権利
3．大阪空港公害訴訟　　・　　　　　　　　・ウ．知る権利
4．『石に泳ぐ魚』事件　・　　　　　　　　・エ．自己決定権
5．GPS訴訟　　　　　・

2 教科書p.31クローズアップ「情報化社会における人権」を参考に，次の文の〔ア〕～〔オ〕に適
　語を書きなさい。

　音楽・小説などの著作物やデザイン・発明などの知的活動による成果は〔ア　　　　　　　〕と
して保護されており，コピーを〔イ　　　　　〕で作成・公開したら，10年以下の懲役または1000万
円以下の罰金が科せられる。ただし，例外的に，購入した音楽CDを〔ウ　　　　　〕の携帯端末にコピー
することや，授業で使うための新聞のコピーは許される。

　情報技術の発展により，〔エ　　　　　　〕に存在する膨大な情報を一瞬で検索できるようになっ
たため，〔エ〕のプライバシー情報や過去の犯罪情報などを，検索結果から削除することを求める
「〔オ　　　　　　　　〕」の保障も必要になっている。

❽ 人権の広がりと公共の福祉　　　　　▶教科書 **p.32～33**

① _____

② _____

③ _____

④ _____

⑤ _____

⑥ _____

⑦ _____

⑧ _____

⑨ _____

⑩ _____

⑪ _____

社会生活と人権

・基本的人権の保障

　国家権力による侵害を防ぐことが課題

　　　↓　資本主義の発達による私的団体の影響力の増大

　〔①　　　　　　　　　　　　　〕からの自由をも保障しようとする考え方

　　　ドメスティック-バイオレンス，児童虐待，外国人差別の問題など，

　　　〔①〕には該当しない一般の人々（私人）による侵害からも守る

人権の国際化

　1948年　〔②　　　　　　　　　　　　　〕採択

　1966年　〔③　　　　　　　　　　　　　〕採択

　…法的拘束力あり。日本は1979年に批准

　　　　　　　　　　A規約，B規約，B規約の「選択議定書」からなる

　　　その他　1951年　〔④　　　　　　　　　　　　　〕条約

　　　　　　　1965年　〔⑤　　　　　　　　　　〕条約

　　　　　　　1979年　〔⑥　　　　　　　　　　〕条約

　　　　　　　1989年　〔⑦　　　　　　　　　　〕条約

公共の福祉と国民の義務

・国民の義務

　〔⑧　　　　　　　　　　　　　　　　　〕義務（第26条）

　〔⑨　　　　　　　〕の義務（第27条）

　〔⑩　　　　　　　〕の義務（第30条）

【外国人の人権保障】

・外国人の人権保障

　　例）就学，スポーツ，社会保障

　　判例　マクリーン事件

　　　　　…権利の性質上，国民にのみ保障される人権をのぞき，外国人に

　　　　　もその保障が及ぶ

　　　　＊外国人に保障が及ばない人権

　　　　❶入国の自由…国際慣習法上の当然とされる

　　　　❷参政権…国民主権との関係

　　　　❸社会権…その保障は本国の責任

・外国人の参政権について

　最高裁は〔⑪　　　　　　　　　〕に地方選挙権を認めるかどうかは立法裁

　量とした

・外国人の公務就任権について

　国籍条項を撤廃している地方公共団体あり

　最高裁は公権力行使にかかわる公務員に関する国籍条項は認められるとした

1．資本主義の発達によって，大企業やマス・メディアなどの私的団体が影響力を持つようになり，これらの社会的権力によって人権を保障しようとするのが，こんにちの基本的人権の考え方である。

（　　　　　）

2．国連では，個別の人権保障に関する問題についての各種条約を採択しており，こんにちでは国際的な人権問題はみられなくなっている。 （　　　　　）

3．日本国憲法は，基本的人権を「侵すことのできない永久の権利」として保障しているため，どんな場合でも人権はいっさいの制限を受けない。 （　　　　　）

4．日本国憲法には，教育を受ける義務，勤労の義務，納税の義務が明記されている。 （　　　　　）

5．在日外国人は，国政選挙で投票することが認められていない。 （　　　　　）

Work あるクラスで在日外国人の権利について，「討論会」が開催されました。次の問に答えなさい。

●「討論会」における発言の概要

生徒A：教科書 p.33 の表「在日外国人の権利と義務」を見ると，外国人にも，①各種の社会保険や児童扶養手当まで支給されている。すでに，十分権利は保障されている。

生徒B：外国人も定住し，地域の住民として生活を営んでおり，街の政策について関心を持ち，②積極的に発言したり，署名活動をしたりして，希望を述べる権利はあるはずだ。

生徒C：参政権は国民の重要な権利であり，もしも必要ならば，日本国籍を取得するべきだ。

生徒D：公務員になるための「国籍条項」は，本市ではすでに外されていて，市役所では外国人も行政に携わる者として働いている。参政権についても地方選挙権は認めるべきだ。

生徒E：未来を担う③子どもたちの教育やスポーツなどの活動については保障されている。それで十分ではないのか。

生徒F：この街の未来を考えたとき，現状での保障や支援に満足せず，住民皆が未来の街の在り方を議論していくことが必要。外国人も住民の一人として参政権を持つべきだ。

問1　「討論会」では外国人の権利についていろいろな意見が出されていたが，日本国憲法における人権保障の基本原理は何か。教科書p.20を参考にして，次の文中の〔　ア　〕〜〔　ウ　〕に適語を書きなさい。

　日本国憲法は，すべての人間を個人として尊重すること（〔ア　　　　　　　　　〕）を人権保障の基本原理としたうえで（第〔イ　　　　〕条），「侵すことのできない〔ウ　　　　　　　　　〕」として，国民の基本的人権を保障した（第11条・第97条）。

問2　①〜③の生徒の発言に関わる権利は何か，答えなさい。

①	②	③

❾ 平和主義と自衛隊

▶教科書 **p.34〜35**

① _____
② _____
③ _____
④ _____
⑤ _____
⑥ _____
⑦ _____
⑧ _____
⑨ _____
⑩ _____
⑪ _____
⑫ _____
⑬ _____
⑭ _____
⑮ _____

平和主義の確立

・太平洋戦争でアジアに大きな犠牲，日本も大きな人的物的被害を受けた
・日本国憲法は平和主義を採用
　憲法前文…政府の行為によりふたたび戦争の惨禍をくりかえさない，世界平
　　　　　　和に貢献する
　　　　　　〔①　　　　　　　　　〕を有する
　　　　　　　…全世界の国民が平和のうちに生存する権利
　　　　　　　　　┌戦争，武力による威嚇，武力の行使を〔③　　　　　〕
　　第〔②　　　〕条┤陸海空軍その他の〔④　　　　　〕の不保持
　　　　　　　　　└国の〔⑤　　　　　　〕の否認

憲法第9条と防衛力の増強

・非軍事化政策の転換
　1950年　〔⑥　　　　　　　　〕
　　　　　➡GHQの指示で，〔⑦　　　　　　　〕創設
　　　　　➡1952年に〔⑧　　　　　〕となり，
　　　　　　1954年に〔⑨　　　　　〕がつくられた
・自衛隊の役割：国土防衛，公共の秩序維持，災害派遣など
・自衛隊と憲法第9条
　判例　〔⑩　　　　　　　　〕訴訟
　　　　┌自衛隊の合憲性が争点
　　　　┤第1審…自衛隊は違憲（第9条2項の戦力に該当）
　　　　└最高裁…憲法判断をせず（住民には訴えの利益がないため）
　　政府解釈：自衛隊は「自衛のための〔⑪　　　　　　　　〕」
　　　　　　であって，戦力ではない
・〔⑫　　　　　　〕の原則
　　：国防上の重要事項の決定権は文民（職業軍人でない者）がもつこと
　　　自衛隊の最高指揮監督権は内閣総理大臣がもつ
・〔⑬　　　　　　　　　〕…2013年設置　議長は内閣総理大臣

自衛隊の海外派遣

・1954年の発足当初…海外派兵の禁止
・自衛隊の海外派遣
　1992年　〔⑭　　　　　　〕（国連平和維持活動）協力法制定
　　　　　　…湾岸戦争をきっかけに「国際貢献」の必要性
　　　　　　　➡カンボジアなどへ派遣
　2006年　自衛隊の海外活動が本来任務になる

自衛隊のPKO派遣の拡大

・PKOの活動拡大…当初，PKO協力法では，〔⑮　　　　　　〕（平和維持軍）
　の本体業務への参加は凍結

>>> 平和憲法
前文には「日本国民は，(中略）政府の行為によつて再び戦争の惨禍が起ることのないやうにすることを決意」するという文言もあり，第9条と共に，その徹底した平和主義から，日本国憲法は平和憲法とも呼ばれる。

>>> 【⑫】
現代の民主主義国家に共通する大原則であり，英語では「シビリアン・コントロール」という。

武器の使用も，隊員の自己防衛に必要な範囲でのみ可能
- → 2001年　PKF本体業務への参加の凍結解除
- → 2015年　駆けつけ警護や治安維持活動も可能になる
武器の使用が，憲法の禁止する「武力の行使」に当たらないか？

正誤問題 　次の文が正しい場合には○，誤っている場合には×を（　）に記入しなさい。

1．日本国憲法は第９条で戦力の不保持をうたっており，徹底した平和主義を特徴としている。（　　　）

2．警察予備隊，保安隊にかわる自衛隊は，第二次世界大戦後の占領下で，GHQの指示により創設された。
（　　　）

3．長沼ナイキ訴訟は，自衛隊の合憲性について争われた裁判で，第１審は違憲と判断したものの，最高裁は，憲法判断を避けた。（　　　）

4．自衛隊の役割の１つは，地震など自然災害のさいに人命や財産を保護するために活動することである。
（　　　）

5．PKO協力法にもとづき，自衛隊がはじめて派遣されたのはカンボジアである。（　　　）

Work 　教科書 p.34 資料❹「防衛関係費の推移」から読み取れる内容として正しいものを，次の①～⑤のうちからすべて選びなさい。

①　自衛隊の設置以降こんにちまで，防衛関係費は増大を続けており，前年を下回ったことはない。

②　防衛関係費は，2000年代以降の伸びが特に顕著である。

③　防衛関係費が増大している期間は，GNP（GDP）に占める割合もあわせて上昇している。

④　21世紀に入ると，防衛関係費もGNP（GDP）に占める割合も，ほぼ横ばいである。

⑤　防衛関係費がGNP（GDP）に占める割合が２％をこえたことはない。

☑Check 　①教科書 p.34 資料❹「防衛関係費の推移」からわかるように，防衛関係費は1990年代まで増大し続けた。それはなぜか，教科書 p.126 の本文を参考にして，次の文中の〔ア〕～〔ウ〕に適語を書きなさい。

　　第二次世界大戦後，アメリカを中心とする資本主義諸国（〔**ア**　　　　　〕）と，〔**イ**　　　　　〕を中心とする社会主義諸国（東側）との対立が表面化して〔**ウ**　　　　　〕がはじまり，1989年の両国の首脳による終結宣言まで続いた。日本は日米安保体制の下，〔ア〕の一員として防衛力の強化に努めた。

②教科書 p.35 資料❺「憲法第９条と自衛権に関する政府解釈の推移」をみて，下の選択肢から適するものを選びなさい。

1946年（吉田首相）：〔　　　　〕　　　　　1954年（政府統一見解）：〔　　　　〕

1972年（田中内閣統一見解）：〔　　　　〕　　　2014年（安倍内閣閣議決定）：〔　　　　〕

〈選択肢〉　**A**：自衛のための必要最小限度の実力を備えることは許されるものと解される。

　　　　　B：自衛隊は国土保全を任務とし，憲法の禁じている戦力にあたらない。

　　　　　C：他国への武力攻撃であったとしても，わが国の存立を脅かすことも起こりうるため，自衛のために必要最小限度の実力を行使することは，憲法上許される。

　　　　　D：自衛権の発動としての戦争も，交戦権も放棄した。

❿ 日米安全保障体制の変化

▶教科書　**p.36～37**

① ＿＿＿＿＿＿＿＿＿＿
② ＿＿＿＿＿＿＿＿＿＿
③ ＿＿＿＿＿＿＿＿＿＿
④ ＿＿＿＿＿＿＿＿＿＿
⑤ ＿＿＿＿＿＿＿＿＿＿
⑥ ＿＿＿＿＿＿＿＿＿＿
⑦ ＿＿＿＿＿＿＿＿＿＿
⑧ ＿＿＿＿＿＿＿＿＿＿
⑨ ＿＿＿＿＿＿＿＿＿＿
⑩ ＿＿＿＿＿＿＿＿＿＿
⑪ ＿＿＿＿＿＿＿＿＿＿
⑫ ＿＿＿＿＿＿＿＿＿＿
⑬ ＿＿＿＿＿＿＿＿＿＿

日米安保体制

・1951年　〔①　　　　　　　　　　　　　　　　　〕締結と同時に
　　　　　〔②　　　　　　　　　　　　　　〕（安保条約）締結
　　　　　　　…アメリカ軍の駐留を認めるとともに〔③　　　　　　〕を提供
　　　　判例　〔④　　　　　　　〕事件…日米安保条約の合憲性が争点
　　　　　　　第1審…違憲判決（在日米軍は第9条の禁止する戦力に当たる）
　　　　　　　最高裁…憲法判断を回避した（統治行為論）
・1960年　日米相互協力及び安全保障条約（新安保条約）
　　　　　　　…安保闘争のなか，安保条約改定
　　　　　　　交換公文…在日米軍の装備の重要な変更などについては事前協議
　　　　　　　　　　　　の対象
　　　　　　　〔⑤　　　　　　　　〕協定
　　　　　　　　　…新安保条約にもとづく，米軍人らの法的地位を定めた協定
・1978年　「日米防衛協力のための指針」（〔⑥　　　　　　　　　　〕）
　　　　　　　以後，日米共同演習などがおこなわれるようになる
　　　　　　　「〔⑦　　　　　　　　　　〕」
　　　　　　　　　：在日米軍駐留経費の一部を日本側が負担

【非核三原則】（1971年　国会決議）

・核兵器を「〔⑧　　　　　　　　・　　　　　　・　　　　　　　　〕」
　　　→日米政府間の「広義の〔⑨　　　　　〕」により，米軍による核兵器の
　　　もち込みが黙認される

安保体制の変容

・1996年　〔⑩　　　　　　　　　　　　　　〕によって，日米の防衛協力を強化
　　　　　　する方向に安保再定義
・1999年　周辺事態法
・2015年　〔⑪　　　　　　　　　　〕
　　　　　　　…周辺事態法を改正。日本の平和と安全に重大な影響を与える
　　　　　　　　事態のさい，自衛隊が米軍の後方支援をする

沖縄と基地

・沖縄　｛
　　　　日本の国土の0.6％
　　　　在日米軍基地（施設・設備）の約〔⑫　　　　　〕％が集中
　　　　　…本島面積の約15％が在日米軍基地
　　　　太平洋戦争中は地上戦がおこなわれた
　　　　　➡1952年以降も米軍の施政権下におかれた
　　　　　➡1972年の「本土復帰」後も基地負担の軽減が進まない

・沖縄の基地被害…騒音，墜落事故，米兵による犯罪など
　1996年　基地縮小と日米地位協定の見直しに関する〔⑬　　　　　　　〕
　　　　　実施➡約90％が基地の整理・縮小に賛成

2004年　沖縄国際大学への米軍ヘリ墜落事故

・米軍再編と基地移設問題

　　日米政府の合意：2014年を目標に，〔⑭　　　　　　〕飛行場を移設し，

　　海兵隊をグアムに移転する

　　　背景　　世界規模での米軍再編（テロ対策に重点）

　　しかし，〔⑭〕飛行場の辺野古沖（キャンプ－シュワブ）への移設には

　　沖縄県が反対…負担軽減にならない

⑭ _____

正誤問題　　次の文が正しい場合には○，誤っている場合には×を（　）に記入しなさい。

１．新安保条約の締結と同時に，非核三原則が国会で決議された。　　　　　　　　　　（　　　　）

２．砂川事件は，日米安保条約の合憲性について争われた事件で，第１審は違憲と判断したものの，最高
　　裁は憲法判断を示さなかった。　　　　　　　　　　　　　　　　　　　　　　　　（　　　　）

３．非核三原則とは，1970年代に打ち出された日本の政策で，核兵器を「もたず，あたえず，もちこま
　　せず」である。　　　　　　　　　　　　　　　　　　　　　　　　　　　　　　　（　　　　）

４．思いやり予算とは，在日米軍の従業員の労務費や光熱費など施設整備費の日本側負担分のことで，
　　1978年にはじまったものである。　　　　　　　　　　　　　　　　　　　　　　　（　　　　）

５．沖縄の米軍基地面積は，1972年の本土復帰後，沖縄本島の面積のおよそ半分に縮小した。（　　　　）

６．米軍再編の一環として，沖縄の基地の移設や海兵隊のグアム移転が予定されている。　（　　　　）

Work　沖縄の米軍基地をめぐり，どのような意見の対立があるか，考えてみよう。教科書p.36〜37
の本文および地図「沖縄の米軍基地」や写真「普天間飛行場」を参考にして，次の文の〔ア〕〜〔エ〕
に入る語句を，下の語群から選び書きなさい。同じ語句を複数回使用してもよい。

　　沖縄は，米軍基地が住宅地から〔ア　　　　　　〕場所にあり，米軍関連の事故・犯罪などに苦しんできた。
県民の不満が蓄積し，駐留米軍の法的地位を定めた〔イ　　　　　　　　　　〕の見直しを求める動きも
おこるなか，普天間飛行場の移設が合意された。しかし，移設先も県内であり，沖縄の真の負担軽減には
ならないとして，近年の県知事選では移設〔ウ　　　　　　〕派の候補が支持を集めている。一方，中国の
台頭などで安全保障環境は不安定化しており，沖縄の地理的・軍事的重要性から米軍の駐留に
〔エ　　　　　〕する声もある。

【語群】　近い　　遠い　　日米地位協定　　重要影響事態法　　賛成　　反対

✓Check　教科書p.37「アジア地域における米軍の展開状況」　在日米軍の兵力や編成には，どのよ
うな特徴があるだろうか。次の①〜④のうち，特徴と言えるものをすべて選びなさい。

①　アジア地域において展開する各国の米軍の兵力を比較すると，日本がもっとも多い。

②　日本に展開する米軍は，海兵隊がもっとも人数が多い。

③　日本は周囲を海に囲まれているため，海軍や海兵隊の人数が他の部隊よりも多い。

④　アジア地域において米軍が展開しているのは日本と韓国のみである。

⑪ 21世紀の平和主義

▶教科書 **p.38〜39**

① _____

② _____

③ _____

④ _____

⑤ _____

⑥ _____

⑦ _____

⑧ _____

戦地への自衛隊派遣

- 2001年　アメリカ同時多発テロ事件
  - ➡アメリカはアフガニスタンを攻撃（「対テロ戦争」）
  - 日本は〔①　　　　　　　　　　　　　　〕を制定
    - ➡自衛艦をインド洋に出動（海上給油のため）
- 2003年　アメリカはイラクを攻撃（イラク戦争）
  - 〔②　　　　　　　　　　　　　　　　〕を制定
    - ➡自衛隊をイラクへ派遣
  - 判決　イラク派兵差し止め訴訟
    - …名古屋高裁は，航空自衛隊による空輸活動は「武力の行使」に当たり違憲と判断
- 2006年　自衛隊法改正…自衛隊の海外活動は付随任務から「本来任務」に
- 2009年　〔③　　　　　　　　　　〕制定…ソマリア沖で海賊行為の取り締まり
  - ➡海賊対処活動のため，ジブチに海外基地を建設（2011年）
- 2015年　〔④　　　　　　　　　　　　〕制定…時限立法ではなく恒久法
  - 「国際社会の平和及び安全を脅かす事態」を除去するため自衛隊を派遣。国連憲章に従って活動する外国軍に，自衛隊が協力支援活動をおこなう

【有事法制の整備】

- 〔⑤　　　　　　　　　　〕：外国から攻撃を受けた場合などの緊急事態に対処するための法制度
  - 2003年　〔⑥　　　　　　　　　　　　〕など有事関連3法を制定
    - …政府による武力攻撃事態，武力攻撃予測事態の認定と対処
  - 2004年　〔⑦　　　　　　　　　　　　〕や米軍行動円滑化法など有事関連7法を制定
    - …国・地方自治体・指定公共機関の責務，国民の協力など

>>> **個別的自衛権**
外からの急迫不正な侵害を受けたとき，自国を守るために必要な措置をとる権利。（→教p.38❶）

これからの安全保障体制

- 日本国憲法がかかげる徹底した平和主義が大きな転換点にある
  - 2014年　〔⑧　　　　　　　　　　〕の行使を容認する閣議決定
    - …従来は，〔⑧〕の行使は憲法上認められないとしてきた
  - 2015年　安全保障関連法（平和安全法制整備法と〔④〕）制定
    - 成立にあたっては，国会前でのデモなど，反対運動がつづいた

　　次の文が正しい場合には○，誤っている場合には×を（　）に記入しなさい。

1．同時多発テロののち，PKO協力法にもとづいて，自衛隊がインド洋に派遣された。　（　　　）

2．テロ対策特別措置法にもとづいて，自衛隊はイラクに派遣された。　（　　　）

3．海賊行為の取り締まりを目的として，自衛隊がハイチに派遣された。　（　　　）

4．有事法制とは，武力攻撃を受けた場合などの有事に対処するための法制度のことである。　（　　　）

5．国民保護法は，有事法制の1つとして制定されたものである。　（　　　）

6．2015年に制定された「安全保障関連法」では，集団的自衛権の行使が認められている。　（　　　）

7．武器輸出に関して，防衛装備移転原則が定められ，武器禁輸原則が強化された。　（　　　）

Work　教科書 p.38 資料❶「自衛隊の海外活動」を参考にして，地図上の位置を確認し，当てはまる国を答えなさい。

① 　海賊対処法にもとづく活動をするため，自衛隊が隣国に基地を建設した。

② 　地震による被害が大きく，復旧・復興のため，自衛隊がPKOをおこなった中米の国。

③ 　国連193か国目の加盟国で，自衛隊が道路の修復や施設の建設などのPKOをおこなったアフリカの国。

④ 　PKO協力法にもとづき，はじめて自衛隊が部隊を送ったアジアの国。

⑤ 　最大時には680名という最も多くの部隊を派遣して，道路や橋の修復や給水所の管理維持などをおこなったアジアの国。

⑥ 　PKO協力法ではなく，特別措置法にもとづいて，自衛隊が派遣された中東の国。

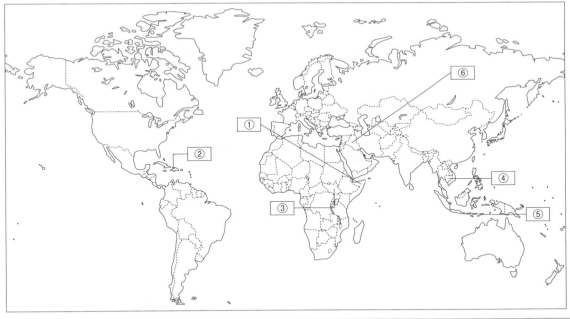

①		②		③	
④		⑤		⑥	

❶ 政治機構と国会

▶教科書 **p.40〜41**

① _____

② _____

③ _____

④ _____

⑤ _____

⑥ _____

⑦ _____

⑧ _____

⑨ _____

⑩ _____

⑪ _____

⑫ _____

国会の地位と役割

・〔①　　　　　　　　〕…国の政治のあり方を決めるのは国民

　憲法前文　日本国民は，正当に選挙された国会における代表者を通じて行

　　　　　　動し，…

　　第43条　❶両議院は，全国民を代表する選挙された議員でこれを組織する。

　　　…〔②　　　　　　　　　　〕（間接民主制）を基本としている

・〔③　　　　　　　　〕

　　：立法権を国会，行政権を内閣，司法権を裁判所に持たせる

　憲法第41条　国会は，〔④　　　　　　　　　　　〕であつて，国の唯一の

　　　　　　〔⑤　　　　　　　〕である。

国会の構成と権限

・〔⑥　　　　　　　　〕…衆議院と参議院

・国会議員の特権：不逮捕特権（会期中），免責特権，歳費特権

・国会の権限：法律案の議決，予算の議決，条約の承認，内閣総理大臣の指名，

　　　　　　　憲法改正の発議など

　　原則として，両院の意思が合致したとき＝国会の意思

　　両院の意思が異なる場合は，〔⑦　　　　　　　　〕をひらくこともある

・〔⑧　　　　　　　　　　〕…内閣不信任案の議決権は衆議院のみ，予算先議

　　　　　　　　　　　　　権あり

　　　法律案・予算の議決，条約の承認，内閣総理大臣の指名について，議

　　　決に関する優越あり

・両議院の権限

　〔⑨　　　　　　　　　　〕：立法や行政監督などのため，証人の出頭・証言，

　　　　　　　　　　　　　記録の提出を要求できる権限

国会の運営

・国会の種類

　〔⑩　　　　　　〕（通常国会）

　　　…毎年１月召集，会期150日，新年度予算などの審議

　臨時会（臨時国会）

　　　…内閣または議員の要求で召集，補正予算や重要案件などの審議

　〔⑪　　　　　　〕（特別国会）

　　　…衆議院解散・総選挙ののち召集，内閣総理大臣の指名

・審議…〔⑫　　　　　　〕制度を採用→公聴会がひらかれる場合あり

　　　　　本会議では原則として，出席議員の過半数で議決

　　　　　議員の資格争訟・除名，秘密会，法律案の再可決，憲法改正発議

　　　　　の議決は異なる

・議事の運営…会派中心

　　　　　　与野党の国会対策担当者間でとりきめられることも多い

表決に関して，〔⑬　　　　　　　　〕が課されることもある

・〔⑭　　　　　　　　　　　　　　〕（1999年）制定

　　…政治主導の政策決定をめざす

　　政府委員制度の廃止

　　「党首討論」の場としての国家基本政策委員会の設置

　　副大臣・大臣政務官の設置　など

⑬ _____

⑭ _____

>>>〔⑬〕
政党に所属する議員は政党の決定に従う必要があること。

正誤問題 　次の文が正しい場合には○，誤っている場合には×を（　）に記入しなさい。

1．「国会は国権の最高機関である」という規定は，日本国憲法が採用した国民主権の原理からみて，選挙を通じて直接国民にむすびついている国会の地位を重くとらえたものである。　　　　（　　　）

2．内閣総理大臣の指名は，衆議院のみに属する権限である。　　　　（　　　）

3．内閣不信任案の議決権は，衆議院にだけ認められている。　　　　（　　　）

4．法律案・予算などの審議をする常会（通常国会）は，毎年1月に召集される。　　　　（　　　）

5．国会議員は，会期中の不逮捕特権が認められている。　　　　（　　　）

6．国会の審議の活性化と政治主導を目的として，政府委員制度が設けられた。　　　　（　　　）

Work 　1 教科書 p.40 資料4 「わが国の三権分立」を参考にして，下の図の空欄ア～カにふさわしい文を，①～⑥のなかから選んで記号を記入しなさい。

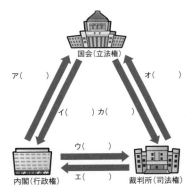

ア（　　）
イ（　　）
オ（　　）
カ（　　）
ウ（　　）
エ（　　）

国会（立法権）
内閣（行政権）
裁判所（司法権）

① 国会でつくった法律が憲法に違反しているかどうかを判断して違憲であればこれを無効にすることができる。

② 内閣の不信任決議をおこなって，内閣を総辞職させることができる。

③ 裁判官としてふさわしくない非行をおこなった裁判官について，弾劾裁判所（不正を追及するための裁判）に訴追することができる。

④ 最高裁判所の長官を指名し，裁判官を任命することができる。

⑤ 内閣のおこなった命令（政令や省令など，法律でないが拘束力のある法規範）や行政処分が，憲法に違反しているかどうかを判断して，違憲であればこれを無効にすることができる。

⑥ 衆議院を解散することができる。

---

2 教科書p.41資料5 「法律ができるまで（衆議院先議の場合）」を参考にして，次の図の①～⑥に適する語句を，解答欄に記入しなさい。

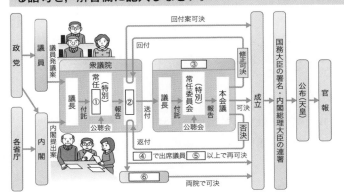

①	
②	
③	
④	
⑤	
⑥	

❷ 内閣と行政機能の拡大

▶教科書 p.42〜43

① _____
② _____
③ _____
④ _____
⑤ _____
⑥ _____
⑦ _____
⑧ _____
⑨ _____
⑩ _____
⑪ _____
⑫ _____
⑬ _____
⑭ _____
⑮ _____
⑯ _____
⑰ _____
⑱ _____

内閣と議院内閣制

・行政権は，〔①　　　　　　　　〕に属する
・内閣の組織：〔②　　　　　　　　　　　　　〕＋その他の国務大臣
　　〔②〕…〔③　　　　　　　　　　〕のなかから国会の議決で指名→天皇が任命
　　　　　　　首長としての地位，閣議を主宰，自衛隊の最高指揮監督権をもつ
・内閣の権限：一般の行政事務，法律の執行，国務の総理，外交関係の処理，
　　　　　　　条約の締結，予算の作成，〔④　　　　　　　〕の制定，
　　　　　　　天皇の国事行為への助言と承認，
　　　　　　　最高裁判所長官の指名とその他の裁判官の任命
・〔⑤　　　　　　　　　　〕…内閣は，行政権の行使について，国会に対して連
　　　　　　　　　　帯して責任を負う
　　衆議院が内閣に〔⑥　　　　　　　　　　〕をおこなったとき
　　　→内閣〔⑦　　　　　　　〕か，衆議院を〔⑧　　　　　　〕

行政権の拡大と官僚政治

・〔⑨　　　　　　　　　　　　〕…福祉国家において内閣の権限は拡大
　　〔⑩　　　　　　　　　　〕：政策決定において，官僚機構が中心的な役割を
　　　　　　　　　　　　はたす
　　〔⑪　　　　　　　　　〕の増大
　　〔⑫　　　　　　　　　〕や行政指導による業界への影響力大
・汚職などの政治腐敗や，「〔⑬　　　　　　　　　〕」が問題
・〔⑭　　　　　　　　　　　　　　〕（2008年）制定
　　　…幹部人事の一元管理→縦割り行政の弊害の是正と，官僚主導の政治の
　　　転換をめざす

行政の民主化と行政改革

・行政の透明化と監視
　　〔⑮　　　　　　　　　　　　〕（1993年）制定
　　　…許認可行政や行政指導の透明性を確保
　　〔⑯　　　　　　　　　　　〕（1999年）制定
　　　…すべての人に行政文書の開示請求権を認めた
　　地方公共団体では，〔⑰　　　　　　　　　　　　　　　〕（行政監察官）制
　　度を採用したところもある
　　　〔⑰〕：行政に関する市民の苦情を受けて，調査・是正勧告などをおこなう
・行政の民主化
　　〔⑱　　　　　　　　　〕
　　　：一般の行政機関から独立して職権を行使する合議制の決定機関
　　　　公正取引委員会や人事院，中央労働委員会など

>>> その他の国務大臣
〔②〕が任命する権限をもつが，その過半数は〔③〕のなかから選ぶ必要がある。

>>> 許認可
無計画な開発・運営がないように，行政機関が事前に審査をして規制すること。

・「[⑲   ]」…肥大化した行政の簡素化・効率化をはかる

　許認可などの規制緩和や行政機関の整理・統合

　特殊法人改革：公団の廃止や公庫の統合，独立行政法人化，

　　　　　　　　郵政民営化　など

⑲＿＿＿＿＿＿＿＿＿

正誤問題　　次の文が正しい場合には○，誤っている場合には×を（　）に記入しなさい。

１．内閣総理大臣は，衆議院議員のなかから国会の議決で指名される。　　　　　　　　（　　　）

２．内閣は，参議院が内閣に対して不信任決議を可決したときには，10日以内に衆議院が解散されないか

　ぎり，総辞職しなければならない。　　　　　　　　　　　　　　　　　　　　　　　（　　　）

３．内閣総理大臣は国務大臣に対する罷免権をもつが，国務大臣を罷免するときには，国会の同意が必要

　である。　　　　　　　　　　　　　　　　　　　　　　　　　　　　　　　　　　　（　　　）

４．議員提出法案と内閣提出法案では，内閣提出法案の方が成立率は高い。　　　　　　（　　　）

５．行政機関に立法をまかせる委任立法は，議会制民主主義の日本ではあまりみられない。（　　　）

６．住民の要求・苦情にもとづき行政活動を調査し，是正勧告ができる制度をオンブズ・パーソン制度と

　いう。　　　　　　　　　　　　　　　　　　　　　　　　　　　　　　　　　　　　（　　　）

Work　教科書p.42資料■「行政機構図」を参考にして，次の図のA～Dに適する府・省の名前を答えなさい。また，あとの①～④の文で，A～Dの府・省に関係の深いものの番号を記入しなさい。

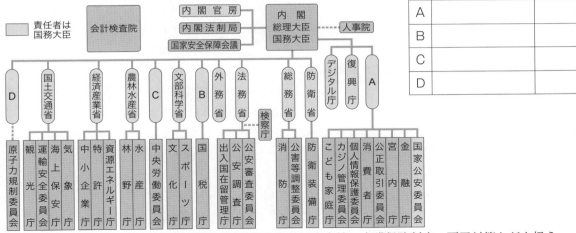

A		
B		
C		
D		

①　新型インフルエンザ対策，遺伝子組み換え食品の安全性，介護保険制度，雇用対策などを扱う。

②　循環資源のリユース・リサイクルや，地球温暖化防止のためクールビズなども推進。

③　国の予算づくり，財政投融資，国際通貨システム・貿易・関税等を扱い，国税庁を外局にもつ。

④　内閣機能強化のために，内閣総理大臣を長とする機関として設置された。金融庁，宮内庁などの外局をもつ。

✓Check　教科書p.42資料■「議員立法と政府立法の推移」を見て，三権分立や憲法第41条との関係から何が課題であるか，考えてみよう。次の文中の〔ア〕～〔ウ〕に適語を書きなさい。

　　近年の成立状況を見ると，〔ア　　　　　　　　　〕のほうが成立率は高い。これは，憲法第41条が定める，「国会は唯一の〔イ　　　　　　　　〕」という文言や，〔ウ　　　　　　〕の原則から，行政が立法もおこなっているという点で大きな課題となっている。

❸ 公正な裁判の保障

▶教科書 **p.44～45**

① _____

② _____

③ _____

④ _____

⑤ _____

⑥ _____

⑦ _____

⑧ _____

⑨ _____

⑩ _____

⑪ _____

⑫ _____

⑬ _____

⑭ _____

⑮ _____

>>> **裁判所の種類**
裁判所には，最高裁判所と下級裁判所（高等裁判所，地方裁判所，家庭裁判所，簡易裁判所）がある。その他の特別裁判所は認められていない。

国民の権利と裁判

・裁判所：法にもとづいて争いを解決する機関…侵害された権利の回復が可能
・〔①　　　　　　　　　　〕：他の国家機関からの干渉を受けることなく，裁判をおこなう
　　　大日本帝国憲法時代にも〔①〕が守られた例＝〔②　　　　　　〕事件
　　　憲法第76条　❸すべて〔③　　　　　　　〕は，その良心に従ひ独立してその職権を行ひ，この憲法及び法律にのみ拘束される。
　　　裁判官の身分保障：罷免されるのは，公の弾劾と心身故障のため職務を執ることができないと決定されたとき
・裁判の種類
　├〔④　　　　　　　〕裁判：私人間の権利義務に関する争いについての裁判
　├〔⑤　　　　　　　〕裁判：法を適用して刑罰を科すための裁判
　└行政裁判：行政を相手として権利救済を求める裁判

憲法の番人

・〔⑥　　　　　　　　　　〕…立法権や行政権によって基本的人権が侵されるのをふせぐ
　　　憲法第81条　最高裁判所は，一切の法律，命令，規則又は処分が憲法に適合するかしないかを決定する権限を有する〔⑦　　　　　　　　　　〕である
　　　∴　最高裁判所は「〔⑧　　　　　　　　〕」とよばれる
・〔⑨　　　　　　　　　　〕：高度に政治的な事件については，裁判所の違憲審査権は及ばないとする考え方
　　　最高裁は，衆議院の解散や日米安保条約に関して，〔⑨〕を採用した

国民と司法

・裁判を民主的に運用・統制する制度
・国民に〔⑩　　　　　　　　　　　　〕を保障
　　　　　…裁判の〔⑪　　　　　〕（第82条）
・〔⑫　　　　　　　　　　〕：最高裁判所の裁判官が適任かどうかを審査する制度（第79条）
・〔⑬　　　　　　　　　　〕…国会に設置，裁判官を辞めさせることができる制度（第64条）
・司法に一般市民が参加する制度
　　〔⑭　　　　　　　　　　〕：検察官が不起訴処分にしたケースについて，その処分の当否を判断する
　　　司法制度改革で〔⑮　　　　　　　　　　〕が新設

〔⑯　　　　　　　〕制度

　…司法制度改革により，重大刑事事件の第一審で採用

　　　〔⑯〕は〔⑰　　　　　〕歳以上の国民からくじで選ばれる，

　　　〔⑱　　　　　〕人の〔⑯〕＋３人の裁判官で評議・評決

　　→有罪・無罪の判断と量刑に関する判断の両方をおこなう

・制度改革ではその他，{ 法曹人口の拡大・司法試験制度の改革・
　　　　　　　　　　　　裁判の充実や迅速化
　　　　　　　　　　　　国民への法的支援
　　　　　　　　　　　→「日本司法支援センター（法テラス）」を設置

⑯	
⑰	
⑱	

正誤問題　　次の文が正しい場合には○，誤っている場合には×を（　）に記入しなさい。

１．司法権の独立は，裁判所が，立法権や行政権など他の国家機関からの干渉を受けないで独立して司法権を行使できるようにするためのものである。　　　　　　　　　　　　　　　　　（　　　　）

２．裁判官に対する弾劾裁判は，最高裁判所の裁判官で組織される弾劾裁判所によっておこなわれる。　　　　　　　　　　　　　　　　　　　　　　　　　　　　　　　　　　　　　　　（　　　　）

３．日本国憲法では，最高裁判所の長官は，内閣の指名にもとづいて天皇が任命することとなっている。　　　　　　　　　　　　　　　　　　　　　　　　　　　　　　　　　　　　　　（　　　　）

４．日本国憲法では，最高裁判所の裁判官については，国民審査の制度がとられている。　（　　　　）

５．裁判員裁判では，有罪・無罪の判断を一般市民だけでおこない，量刑などの法律判断は裁判官がおこなう。　　　　　　　　　　　　　　　　　　　　　　　　　　　　　　　　　　　（　　　　）

Work　教科書p.45「裁判員裁判の様子」とp.45を参考にして，次の図のa～eに適する語句を答えなさい。また下の文中の〔ア〕～〔キ〕に適語を書きなさい。

a	
b	
c	
d	
e	

　裁判員制度は，18歳以上の〔ア　　　　　〕から選ばれた「〔イ　　　　　　〕」が殺人や傷害致死などの重大な〔ウ　　　　〕裁判の第一審で，〔エ　　　　　　〕か，有罪の場合どのくらいの〔オ　　　　〕にするのかを，〔カ　　　　　　〕とともに決める制度。原則として〔キ　　　〕人の〔イ〕が，３人の〔カ〕とともに担当する。

❹ 地方自治と住民福祉

▶教科書 **p.46~47**

① _____

② _____

③ _____

④ _____

⑤ _____

⑥ _____

⑦ _____

⑧ _____

⑨ _____

⑩ _____

⑪ _____

⑫ _____

⑬ _____

⑭ _____

⑮ _____

⑯ _____

⑰ _____

私たちの暮らしと地方自治

・地方自治は「〔①　　　　　　　　　　　〕」といわれる…ブライス（英）

・「地方自治の本旨」…2つの原理

　〔②　　　　　　　　〕：住民自身が地域の政治をおこなう

　〔③　　　　　　　　〕：地方公共団体（〔④　　　　　　　〕と**市町村**）が
　　　　　　　　　　　　　国とは別に政治をおこなう

地方公共団体の組織と権限

・議決機関＝議会，執行機関＝長（都道府県知事や市町村長）および各種委員会

・二元代表制…長と議会の議員は住民の〔⑤　　　　　　　　〕で選ばれる

・〔⑥　　　　　　〕の制定…「法律の範囲内」でおこなう

地方自治の課題

・〔⑦　　　　　　　　　　　　　〕が成立（1999年）

　〔⑧　　　　　　　　　　　〕の廃止→地方公共団体の事務は2種類へ

　　〔⑨　　　　　　　　　〕…地方公共団体本来の仕事

　　〔⑩　　　　　　　　　　〕…旅券の発給，国政選挙など

・財政の課題…自主財源が少ない「三割自治」「四割自治」

　→国からの援助

　〔⑪　　　　　　　　　　〕：地方公共団体間の財政力の格差是正のために配
　　　　　　　　　　　　　　分

　〔⑫　　　　　　　　　　〕：国が使途を指定して支出する補助金

住民自治と住民の権利

・〔⑬　　　　　　　　　　　　　〕（住民投票権）

　…特定の地方公共団体のみに適用される特別法の制定には住民投票で過半
　　数の賛成が必要（第95条）

・〔⑭　　　　　　　　　　〕：条例の制定・改廃請求権

・〔⑮　　　　　　　　　〕：議会の解散請求権，長・議員・役員の解職請求権

　…地方自治では，事務監査の請求も含む〔⑯　　　　　　　　　〕を保障
　　している

　　必要署名を集め，請求する…直接民主主義的な制度

・〔⑰　　　　　　　　〕…重要な政策決定に住民の意思を反映させる有効な手段
　　　　　　　　　　　　投票結果に法的拘束力はない
　　　　　　　　　　　例）産業廃棄物処理場や原子力発電所の建設，
　　　　　　　　　　　　　市町村合併，在日米軍基地の建設など

次の文が正しい場合には○，誤っている場合には×を（　）に記入しなさい。

1．「地方自治は，民主主義の学校」であると述べたのは，19世紀フランスの思想家トックビルである。

（　　　）

2．憲法第92条にいう「地方自治の本旨」は，地方公共団体が国から一定の範囲で独立した団体として政治をおこなうという意味の団体自治を意味しており，住民自治は含まれていない。（　　　）

3．知事や市町村長の解職は，有権者の3分の1以上の署名をもって，選挙管理委員会に請求すると，住民の投票に付されることになる。（　　　）

4．条例にもとづく住民投票の結果に，地方公共団体の長は必ず従わなければならない。（　　　）

5．地方公共団体の歳入で最も割合が高いのは，地方交付税である。（　　　）

Work 教科書p.40資料❷「直接請求の手続き」を参考にして，次の①〜④の請求の手続きに該当する請求を，下のa〜dからそれぞれ選びなさい。

① 有権者の3分の1以上の署名が必要で，選挙管理委員会に請求する。その後の住民投票では，過半数の同意が必要。〔　　　〕

② 有権者の3分の1以上の署名が必要で，首長に請求する。議会では，3分の2以上の出席と，その4分の3以上の同意が必要。〔　　　〕

③ 有権者の50分の1以上の署名が必要で，首長に請求する。首長が議会にかけ，その結果を公表する。〔　　　〕

④ 有権者の50分の1以上の署名が必要で，監査委員に請求する。監査の結果を公表し，議会・首長などにも報告する。〔　　　〕

a 解散請求
b 条例の制定または改廃の請求
c 事務監査の請求
d 副知事・副市町村長・選挙管理委員・監査委員などの解職請求

✓Check ①教科書p.46資料❶「地方自治のしくみ」とp.40資料❹「わが国の三権分立」を比較して，議会と行政の長の選出方法の違いを確認してみよう。次の①と②のうち，「地方自治」における議会と長の選出方法を説明しているものを選びなさい。

① 議決機関と執行機関がそれぞれ住民の直接選挙で選ばれ，住民の意思が両方に反映される。

② 議決機関のみが国民の直接選挙で選ばれるため，執行機関には国民の意思は直接反映されない。

②団体自治の観点から地方財政が直面する課題について，教科書p.47資料❸「地方財政の歳入・歳出」をみて，地方財政の課題を，団体自治の観点から考えてみよう。次の文中の〔ア〕〜〔オ〕に適語を書きなさい。

地方公共団体の歳入構成は，地方税を主とする〔ア　　　　　　　〕の割合が半分ほどに過ぎず，〔イ　　　　　　　〕や〔ウ　　　　　　　〕など国からの援助に大幅に依存している。

さらに，国から〔イ〕・〔ウ〕や地方譲与税を受け取っても歳入は不足するので，〔エ　　　　　　　〕という借金をせざるを得ないのが現状である。このように〔ア〕の割合が低く，国に依存している状況は「〔オ　　　　　　　〕」と呼ばれ，団体自治の観点からも大きな問題である。

❺ 政党政治

▶教科書 **p.50〜51**

① _____

② _____

③ _____

④ _____

⑤ _____

⑥ _____

⑦ _____

⑧ _____

⑨ _____

⑩ _____

⑪ _____

政党と政党政治

・〔①　　　　　　　〕：国民の意見や要求をくみ上げて政権獲得をめざす集団

　〔②　　　　　　　〕：〔①〕がその目的や運動方針などを定めたもの

　〔③　　　　　　　　　〕（政権公約）

　　…政策の具体的内容や数値目標などをかかげ選挙をおこなう

・〔④　　　　　　　〕

　　…政権交代を前提として，政党間の競争を軸に展開される

・〔⑤　　　　　　　〕：政権を担当する

　　〔⑥　　　　　　　〕：〔⑤〕や政府の政策を批判し，行政を監視

・〔⑦　　　　　　　〕

　　…従来のイギリスやアメリカなど，2つの有力政党が対抗

・〔⑧　　　　　　　〕

　　…ドイツやフランス，日本など，3つ以上の政党が競争

・1つの政党が議席の過半数を獲得できない場合

　　→〔⑨　　　　　　〕政権となる

戦後日本の政党政治

⟫⟫ 政・官・財のトライアングル
特定の官庁と結びつきの強い政治家は，財界の利益を代弁する代わりに政治資金や票を得る。官僚は，許認可などで財界に便宜をはかる見返りに，天下り先を確保する（→教p.50❶）。

・〔⑩　　　　　　　　　〕

　　：保守政党と革新政党が保守優位のもとで対抗しあう体制

　　　1955年〜1993年，自由民主党が一貫して与党だった

　　　政・官・財の癒着→金権汚職事件もおこる

　　┌ロッキード事件

　　│　：航空機売り込みに関して，田中元首相が収賄罪に問われた事件

　　│リクルート事件

　　└　：子会社の未公開株を多数の政治家や官僚に融通した事件

・1993年　非自民連立政権の成立（細川内閣）

　　その後，政党の離合集散→自民党が政権に返り咲き，連立政権が続く

・2009年　民主党が総選挙で過半数を獲得し，政権交代（鳩山内閣）

　　民主党と社民党・国民新党の連立政権となる

　　しかし，2010年の参議院議員選挙で民主党は大敗し，「〔⑪　　　　　　　　〕

　　国会」となる

・2012年　自民党が総選挙で圧勝し，政権を獲得（第二次安倍内閣）

　　民主党が歴史的敗北をして，ねじれ国会が解消した

　　自民党と公明党（与党）で，衆議院の2/3以上の議席を占める

　　その後，2013年の参議院議員選挙でも，自民党・公明党の与党が過半数

　　の議席確保

・2014年　総選挙で，自公連立与党が，総議席の2/3以上を維持した

・2017年　総選挙で，自公連立与党が，再び，総議席の2/3以上を維持した
（第四次安倍内閣）

　野党第1党の民進党は分裂→立憲民主党が野党第1党となる

・2019年　参議院議員選挙では，与党が過半数の議席を確保したが，2/3には
届かず

⑫ _____

⑬ _____

日本の政党政治の課題

・金権腐敗をふせぎ，公正な選挙をおこなうことが重要

　→政治資金の透明性の確保が必要

・1994年　政治改革4法成立

〔⑫　　　　　　　　　　　　　　〕改正

　…政治家個人の政治団体に対する企業団体献金は禁止

〔⑬　　　　　　　　　　　　　　〕制定

　…政党の活動費は，政党交付金として国庫から補助される

・国民のさまざまな意見がきちんと国政に反映されるようにすることが課題

正誤問題　　次の文が正しい場合には○，誤っている場合には×を（　）に記入しなさい。

1．イギリスやアメリカなどにみられる二大政党制では，政権が安定するとともに，国民の多様な意見も反映される。　　　　　　　　　　　　　　　　　　　　　　　　　　（　　　）

2．55年体制とは，自由民主党と社会党が対抗しあう体制であるが，政権は1955年から38年間，自由民主党が担当した。　　　　　　　　　　　　　　　　　　　　　　（　　　）

3．政治資金規正法は，政治家個人が企業団体献金を受けることを認めている。　（　　　）

4．日本の政党はすべて，政党交付金を受け取って活動している。　　　　　（　　　）

Work　教科書p.50 資料❶「政・官・財のトライアングル」を参考に，下の図A〜Dに適する語を答えなさい。

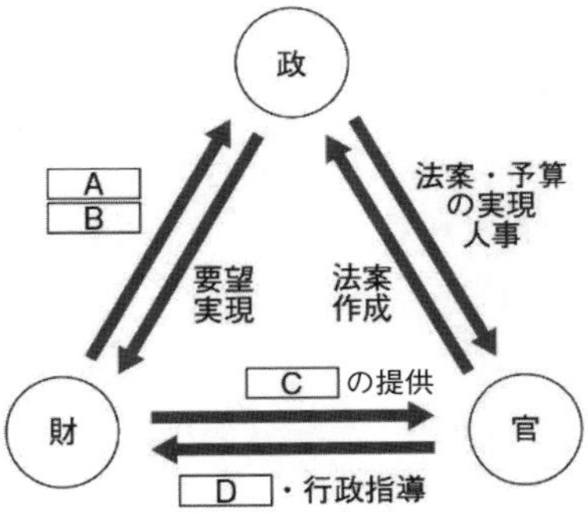

A		C	
B		D	

政

A
B

法案・予算
の実現
人事

要望
実現

法案
作成

財

C の提供

官

D ・行政指導

❻ 選挙制度

▶教科書 **p.52〜53**

①	
②	
③	
④	
⑤	
⑥	
⑦	
⑧	
⑨	
⑩	
⑪	
⑫	
⑬	
⑭	
⑮	

国民の政治参加と選挙制度

・〔①　　　　　　　〕の保障…国民の政治参加の手段としての選挙
・選挙原則
　〔②　　　　　　　　〕：一定の年齢に達した国民に選挙権を保障
　日本でも，選挙権年齢が〔③　　　　〕歳に引き下げられた（2015年）
　（国民投票法では投票年齢を〔③〕歳以上と定めている）
　〔④　　　　　　〕選挙：一人ひとりの投票価値を平等に扱う
　秘密投票
　直接選挙
・選挙区制は大別すると３つ
　〔⑤　　　　　　　〕制：１選挙区から複数名を選出
　　…〔⑥　　　　　　〕が少ないが，小党分立となり，政治が不安定化
　〔⑦　　　　　　　〕制：１選挙区から１名を選出
　　…多数党に有利で政治は安定化するが，〔⑥〕が多い
　〔⑧　　　　　　　〕制：国民は政党に投票し，各政党の得票数に比例して
　議席が配分される
　　…〔⑥〕が少ないが，小党分立となり，政権が不安定化

日本の選挙制度と課題

・衆議院議員の選出：〔⑨　　　　　　　　　　　　　〕
　〔⑨〕：小選挙区制（定数289）＋比例代表制（定数176）
　　　　　　　　　　　　　　→全国11ブロック，拘束名簿式
・参議院議員の選出：選挙区制（定数148）＋比例代表制（定数100）
　　　　　　　　　　　　　　→全国で１選挙区，
　　　　　　　　　　　　　　　〔⑩　　　　　　　〕名簿式と
　　　　　　　　　　　　　　　拘束名簿式の「特定枠」

>>> **参議院議員の選挙**
３年毎に半数改選なので，１回の選挙で選出されるのは，選挙区74，比例代表50。

・議員定数の〔⑪　　　　　　〕の是正が課題
　１票の価値：選挙区ごとの有権者数と議員定数の割合
　人口移動などによって，１票の格差が生じると平等選挙の原則に反する
　判例　最高裁は衆議院について二度の違憲判決
　　　　2013年の参議院議員選挙，2014年の衆議院議員選挙は「違憲状態」
　　　　と判断
・選挙の自由と公正の確保のために
　〔⑫　　　　　　　　〕は選挙運動の規制を定めている
　　…〔⑬　　　　　　　〕の禁止や〔⑭　　　　　　　〕の規制など
　　2013年改正　インターネットを利用した選挙運動解禁
・買収などをふせぐために〔⑮　　　　　　　〕を強化
　〔⑮〕：選挙運動の中核的な人物が選挙犯罪で刑に処せられると，候補者の
　　　　当選が無効。候補者はその選挙区から一定期間立候補できない

次の文が正しい場合には○，誤っている場合には×を（　）に記入しなさい。

1．1選挙区から2名以上選出する大選挙区制では，死票が多く，広い範囲から代表を選出できるが，小党分立となり，政治が不安定になるおそれがある。（　　　）

2．小選挙区制は，死票が少ないが，小党分立になりやすい。（　　　）

3．衆議院議員選挙でも参議院議員選挙でも，比例代表制の議席配分にはドント式が用いられている。（　　　）

4．参議院の選挙制度は，全国1選挙区の比例代表制と都道府県単位を基本とする選挙区選挙が併用されている。（　　　）

5．衆議院議員選挙において，有権者は，小選挙区制では候補者の名前を，比例代表制では政党名か候補者の名前を投票用紙に記入する。（　　　）

6．最高裁判所は，衆議院の定数配分規定について，投票価値の平等原則に反するとして，違憲の判断をくだしたことがある。（　　　）

7．公職選挙法では，選挙の公正を理由にして，インターネットを利用した選挙運動を認めていない。（　　　）

Work　教科書p.53図表「ドント式による計算例」を参考にして，表を作成し，各党の当選者数を求めなさい。

		A党		B党		C党	
候補者数		4人		3人		3人	
得票数		960万		780万		540万	
除数	÷1	ア		カ		サ	
	÷2	イ		キ		シ	
	÷3	ウ		ク		ス	
	÷4	エ					
当選者数		タ		チ		ツ	

＊当選総数：7

✓Check　教科書p.52資料■「選挙制度の特色」を参考に，「多様な意見が反映されやすい制度」と「政治が安定しやすい制度」はどれか，それぞれ選んでみよう。

〈選挙制度〉

大選挙区制　　　中選挙区制　　　小選挙区制　　　比例代表制

多様な意見が反映されやすい制度　[　　　　　　　]

政治が安定しやすい制度　[　　　　　　　]

❼ 世論と政治参加

▶教科書 p.54〜55

①＿＿＿＿＿＿＿

②＿＿＿＿＿＿＿

③＿＿＿＿＿＿＿

④＿＿＿＿＿＿＿

⑤＿＿＿＿＿＿＿

⑥＿＿＿＿＿＿＿

⑦＿＿＿＿＿＿＿

⑧＿＿＿＿＿＿＿

⑨＿＿＿＿＿＿＿

⑩＿＿＿＿＿＿＿

民主政治と世論

・〔①　　　　　　　〕：「公的なことがらに関する人々の意見」

　　〔①〕調査の結果は，政策決定などに大きな影響力あり

・〔①〕の形成…テレビ・新聞などの〔②　　　　　　　　　　〕や

　　　　　　　インターネットが強い影響をもつ

・〔②〕は「社会の公器」

　　…公正で正確な情報を主権者である国民に伝達する役割あり

　　〔②〕には〔③　　　　　　　　〕の自由が保障される

・〔④　　　　　　　　〕：政党や〔⑤　　　　　　　〕などが報道に圧力を加

　　　　　　　　え特定の方向に世論を導くこと

　　私たちは，〔⑥　　　　　　　　　　　　〕を養っておく必要

　　　〔⑥〕：情報を理性的に批判できる能力

・eデモクラシー：市民がインターネットを利用して政治に参加すること

　　…ソーシャルメディアが重要な役割をはたす

政治的無関心と無党派層の拡大

・〔⑦　　　　　　　　〕

　　　　：政治に対する無力感や政治家に対する嫌悪感から生じる無関心な態度

　　　　→政治参加への消極性，選挙における棄権

・最近は，〔⑧　　　　　　　〕が拡大…選挙の際はその動向が注目を集める

　　　　〔⑧〕：政治的関心はあるが，特定の支持政党をもたない人々

市民運動の広がり

・〔⑨　　　　　　　　〕：平和運動や女性運動，消費者運動など，市民が政治

　　　　　　　　　　にはたらきかける運動

・住民運動：身近な地域の問題に住民が協力して取り組む

・〔⑩　　　　　　〕（民間非営利組織）も活動

　1998年　〔⑩〕法（特定非営利活動促進法）制定

　　　　　　…法人格を得やすくなり，一定の要件をそなえると認定NPOとし

　　　　て税制優遇措置の対象となる

・1995年の阪神・淡路大震災で被災者の支援が増加

　…ボランティア元年とよばれる

　　2011年の東日本大震災のさいも，多くの市民が被災者支援活動に参加

>>> **圧力団体**
議会や官庁などに直接働きかけ，自分たちの利益を促進しようとする集団。(→教 p.54＊1)

次の文が正しい場合には○，誤っている場合には×を（　）に記入しなさい。

１．無党派の人々は，政治に対して無関心で，選挙を棄権する傾向がある。　　　　　　（　　　　）

２．市民がインターネットを利用して政治に参加することをeデモクラシーというが，世論の形成においては，重要な役割を果たしているとは言えない。　　　　　　　　　　　　　　　（　　　　）

３．インターネットを利用した情報発信であるソーシャルメディアも，世論の形成に影響力がある。
　　　　　　　　　　　　　　　　　　　　　　　　　　　　　　　　　　　　　　　（　　　　）

４．NPOとは，営利を目的としない，福祉や環境保全，国際協力などの社会貢献活動をおこなう団体のことである。　　　　　　　　　　　　　　　　　　　　　　　　　　　　　　　　（　　　　）

５．NPOが活動しやすいように，法人格を与え，寄付した人が寄付金控除を受けられるようにする法律が，日本でも施行されている。　　　　　　　　　　　　　　　　　　　　　　　　　（　　　　）

Work 1 教科書p.54のクローズアップ「フェイク・ニュースと表現の自由」を参考にして，次の文の〔ア〕～〔エ〕に適語を書きなさい。

　インターネットやSNSで発信される情報は，テレビ・新聞と異なり，情報の正確さや報道倫理について組織的なチェックを受けていないという問題がある。このため，〔ア　　　　　　　　　　〕と呼ばれる嘘のニュースが拡散しやすい。また，検索システムやSNSは利用者の閲覧情報を収集・管理することで，各人の好みを機械的に判断して情報を提供してくるため，ネット上の情報のみに頼ると，関心のない問題や自分とは異なる〔イ　　　　　　　　〕に触れにくくなるという問題がある。

　こうした問題に対しては，ネット上の情報のみに頼るのではなく，複数の情報源に照らして，事実を判断する必要がある。このことを，〔ウ　　　　　　　　　〕という。〔ウ〕のような，情報に一方的に流されるのではなく，理性的に批判できる能力（〔エ　　　　　　　　　〕）を養うことも必要である。

2 教科書p.55「衆議院議員選挙の年齢層別投票率の推移」を見て，誤っているものをすべて選びなさい。

①　2000年以降の国政選挙で，一貫して投票率が最も高いのは60代である。

②　2000年以降の国政選挙で，最も投票率が高かったのはどの年代も2009年衆院選である。

③　18歳選挙権は2017年国政選挙から始まったが，年齢層別投票率では10代が最も低かった。

④　年齢層別投票率では一貫して20代が最も低い。

⑤　投票率は年代別に開きがある一方で，どの年齢層も一貫して40％以上を保っている。

1 経済活動の意義

▶教科書 p.56〜57

①＿＿＿＿＿＿＿＿＿＿

②＿＿＿＿＿＿＿＿＿＿

③＿＿＿＿＿＿＿＿＿＿

④＿＿＿＿＿＿＿＿＿＿

⑤＿＿＿＿＿＿＿＿＿＿

⑥＿＿＿＿＿＿＿＿＿＿

⑦＿＿＿＿＿＿＿＿＿＿

⑧＿＿＿＿＿＿＿＿＿＿

⑨＿＿＿＿＿＿＿＿＿＿

⑩＿＿＿＿＿＿＿＿＿＿

人間と経済活動

・私たちの生活にはさまざまな〔①　　　　〕（形のある生産物）や
〔②　　　　　　　　〕（形のないもの）が必要
　…これらの生産，分配，消費にかかわる一連の過程をまとめて
　　〔③　　　　　〕という
・土地（天然資源），労働力，資本を〔④　　　　　　　　　　〕という

希少性と選択

・石油や鉄鉱石や天然ガスなどの資源は無限には存在しない
　→〔⑤　　　　　〕な資源を，適切に無駄なく使うためには，〔⑥　　　　　〕
　　する必要がある
・資金が限られている企業の活動も，予算の規模が有限である政府の財政活動
　も適切な〔⑥　　　〕が必要
　→〔⑤〕性のあるところには，必ず〔⑥〕の問題が生じる

効率性と公平性

・希少な資源が無駄なく使われている＝〔⑦　　　　　〕的に利用されている
　…〔⑦〕性は持続的な経済をささえる条件
　　しかし，経済的な〔⑧　　　　〕性と両立しない場合も
　→〔⑦〕性と〔⑧〕性のバランスを考える必要
・〔⑨　　　　　　　　　〕
　　　：Aを選んだらBを選べないというように両立できない関係
・〔⑩　　　　　　　　　〕
　　　：〔⑨〕の状況で，選ぶ機会を失い犠牲にした部分

>>> 資源
石油や土地などの天然資源
のほか，労働力や技術，情
報，時間なども資源に含ま
れる。（→教p.57❷）

正誤問題　次の文が正しい場合には○，誤っている場合には×を（　）に記入しなさい。

1．食べ物や着るものなど形のある生産物を財，医療や運輸など形のないものをサービスというが，経済
　活動に含まれるのは，財だけである。　　　　　　　　　　　　　　　　　　　　　　（　　　）

2．土地，労働力，資本を生産の三要素という。　　　　　　　　　　　　　　　　　　（　　　）

3．政府の財政活動においては，予算の規模が大きいため，選択の問題は発生しない。　（　　　）

4．資源は限られているが，効率性を追求すればおのずと経済的な公平性が達成される。（　　　）

5．効率性は公平性と必ずしも両立するとは限らないため，政府による政策や人々による自発的な取り組
　みが必要となる。　　　　　　　　　　　　　　　　　　　　　　　　　　　　　　　（　　　）

Work **1** 以下の文章を読んで次の問いに答えよ。（本設問に書かれていない他の条件は考慮しないものとする）

　経済において，使うことのできる資源には限りがある。<u>あるものを選択したら，ほかのものを選択することができなくなるため</u>，資源をどのように配分したら最も満足が得られるか選択することで経済活動は営まれる。

　選択する際に基準となるものが機会費用で，選択によって失われた価値のうち最大のもののことである。例えば，ある会社が次の選択肢**ア〜ウ**から1つだけを選択する場合を考える。

　　ア．事業Aをおこなって1,000万円の利益を得る
　　イ．事業Bをおこなって1,200万円の利益を得る
　　ウ．事業Cをおこなって1,500万円の利益を得る

　もし仮に**ア**を選択して1,000万円の利益を得たとすれば，機会費用は□□□□万円である。なぜならば，先述のとおり機会費用とは，選択によって失われた価値のうち最大のものを意味するものだからである。

問1　文章中の下線の関係に該当するものを選択肢からすべて選べ。
　①　手元に5,000円あるときに，5,000円のゲームソフトを買うか，5,000円の服を買うかで悩む。
　②　文化祭でのクラスの出し物を検討するさいに，参加者が少なかったために出し物をあきらめた。
　③　高校卒業後に，大学に進学せずに就職した。
　④　手持ちのお金で買い物をするさいに，足りない分を友達から借りた。
　⑤　欲しいものがあるために，アルバイトを掛け持ちする。

　　　　　　　　　　　　　　　　　　　　　　　　　　　　　　　　　□□□□

問2　文章中の□□□□にあてはまる数値を答えよ。

　　　　　　　　　　　　　　　　　　　　　　　　　　　　　　　□□□万円

2 財を次の①と②のように配分した場合，効率性と公平性はどう対立するのか，次の文中の〔　ア　〕・〔　イ　〕に「必要」または「不必要」の語句を書きなさい。

①高値で購入できる人に多く配分　　　②すべての人に等しく配分

　　①の場合を考えると，その財を〔**ア**　　　　　　　　〕な人が高い価格で購入すると想定される。また，②の場合を考えると，その財を〔**イ**　　　　　　　〕な人にも配分されると想定される。

3 以下のa，bの説明は**2**の①，②のどちらの場合に当てはまるか，それぞれ選びなさい。

　a．公平性の面は達成されるが，効率性の面は達成されない。　　　□□□□

　b．効率性の面は達成されるが，公平性の面は達成されない。　　　□□□□

❷ 経済社会の変容

▶教科書 **p.58〜59**

資本主義経済の成立と変容

・現在のわたしたちをとりまく経済システム

　：〔①　　　　　　　　　　　　　〕（市場経済）

　〔①〕　〔②　　　　　　　　　　　　　〕：個人や企業による利益追求が原動力

　　　　〔③　　　　　　　　　　　　　〕：生産手段は個人や企業が私的に所有

　　　　〔④　　　　　　　　　　　　　〕：労働者は労働力を売って賃金を得る

・19世紀前半　〔⑤　　　　　　　　　　〕を経て〔①〕が確立

・イギリスの経済学者〔⑥　　　　　　　　　　　　　〕

　　　…市場での自由競争により経済が調整され，社会の富が増えてゆく過程

　　　を「〔⑦　　　　　　　　　　〕」と表現

・19世紀を通じ各国政府は原則的に経済に不介入

・1929年にはじまる〔⑧　　　　　　　　　　〕…深刻な不況をもたらす

　　　➡世界の資本主義諸国に波及

・1930年代　〔⑨　　　　　　　　　　　　　　　〕

　　　　　　：アメリカのローズベルト大統領が実施した不況対策

・イギリスの経済学者〔⑩　　　　　　　　　　〕

　　　〔⑪　　　　　　　　　　〕：貨幣による購買力をともなった需要

　　　…〔⑪〕の原理：国全体の生産量・雇用量が〔⑪〕量で決まる

　それまでの〔⑫　　　　　　　　　　〕（レッセ・フェール）を改め，

　政府の政策的介入による景気と雇用の安定化を主張

・第二次世界大戦後…〔⑬　　　　　　　　　　〕の思想は多くの国で採用

　　　　　　　　➡　〔⑭　　　　　　　　　〕体制が確立

　　　　　　　　…「〔⑮　　　　　　　　　　〕」ともいわれた

・1970年代以降の低成長時代

　…税収の伸びなやみなどから，財政赤字が問題に

・〔⑯　　　　　　　　　〕の台頭

　　　…政府事業の民営化などによって財政規模を縮小し，私企業中心に経済

　　　の活性化を唱える主義

　　　「〔⑰　　　　　　　　　　〕」を求める

社会主義経済の形成と変容

・〔⑱　　　　　　　　　　〕…ドイツの思想家

　　　…資本主義の矛盾を，貧富の格差や，くりかえされる恐慌にみいだし，

　　　〔⑲　　　　　　　　　〕を提唱

・〔⑲〕経済の特徴

　　　〔⑳　　　　　　　　　　　　　〕：生産手段は社会全員の共有物とする

　　　〔㉑　　　　　　　　　　〕：政府の計画にもとづき品目や生産量を決定

①　　　　　　　　　　
②　　　　　　　　　　
③　　　　　　　　　　
④　　　　　　　　　　
⑤　　　　　　　　　　
⑥　　　　　　　　　　
⑦　　　　　　　　　　
⑧　　　　　　　　　　
⑨　　　　　　　　　　
⑩　　　　　　　　　　
⑪　　　　　　　　　　
⑫　　　　　　　　　　
⑬　　　　　　　　　　
⑭　　　　　　　　　　
⑮　　　　　　　　　　
⑯　　　　　　　　　　
⑰　　　　　　　　　　
⑱　　　　　　　　　　
⑲　　　　　　　　　　
⑳　　　　　　　　　　
㉑　　　　　　　　　　

>>> 【⑤】
道具から機械への生産手段の変革により，小さい手工業的な作業場から機械設備による大工場へと発展させ，資本主義的生産を確立した技術的・経済的変革。

・〔⑲〕…ソ連や東欧諸国，中国などで採用された

 ➡ソ連や東欧諸国の経済は結果的には破綻し市場経済へ移行

  中国は市場原理を導入＝〔⑲〕市場経済

グローバリゼーションの進展

・〔⑫   〕

 ：現代の経済市場で，ヒト・モノ・カネが国境をこえ世界中をかけめぐ

 る状況。先進国と途上国間の経済格差を拡大させる懸念

⑫ _____

正誤問題 次の文が正しい場合には○，誤っている場合には×を（ ）に記入しなさい。

１．イギリスの経済学者アダム＝スミスは，市場での自由競争により経済が調整され，結果的に社会の富が増えていく過程を「見えざる手」と表現した。 （ ）

２．修正資本主義がそれまでの自由放任主義を改め，政府の政策的介入をおこなう目的は，景気と雇用の安定をはかるためである。 （ ）

３．ドイツの思想家アダム＝スミスは，資本主義の矛盾を貧富の格差や恐慌などにみいだし，社会主義を提唱した。 （ ）

４．アメリカの経済学者マルクスは，「マネタリズム」を唱えてケインズ政策を批判し，経済を市場原理に委ねるべきことを説いた。 （ ）

５．グローバリゼーションが進行すると，世界中の国と地域が世界的な市場競争にさらされることにより，経済格差が縮小する。 （ ）

Work 教科書p.58資料■「資本主義と社会主義の変遷」及び教科書本文を参考にして，次の各文①〜④は経済のどの段階の説明文となるか答えなさい。また，その各段階が，効率・自由を重視する経済（考え方）の場合はAを，公平・平等を重視する経済（考え方）の場合はBを書きなさい。

 ① 1970年代以降の財政赤字に対し，民営化や規制緩和を唱え「小さな政府」を求めた。

 ② マルクスが貧富の格差や恐慌に資本主義の矛盾を見出し，これにかわる政治経済思想として提唱した。

 ③ 18世紀から19世紀にかけての資本主義であり，市場による調整や自由放任主義を特徴とする。

 ④ それまでの自由放任主義を改め，政府の政策的介入による景気と雇用の安定化をはかる考え方。

	説明文	考え方
産業資本主義		
修正資本主義		
新自由主義		
社会主義経済		

❸ 経済主体と市場の働き

▶教科書 **p.60〜63**

① _____
② _____
③ _____
④ _____
⑤ _____
⑥ _____
⑦ _____
⑧ _____
⑨ _____
⑩ _____
⑪ _____
⑫ _____
⑬ _____
⑭ _____
⑮ _____
⑯ _____
⑰ _____
⑱ _____
⑲ _____
⑳ _____

経済主体と経済循環

〔①　　　　　　　〕…企業などに労働力を提供して賃金・給与を得るか，事業を営み所得を得て，消費や貯蓄をおこなう

〔②　　　　　　　〕…労働力を用いて財やサービスを生産し，販売を通じて利潤を得ようとする

〔③　　　　　　　〕…税金を財源に，民間企業が提供できない公共財を供給する

・以上3つの〔④　　　　　　　　〕の相互のやりとりの上に，現代経済が成り立つ

市場の働き

・〔⑤　　　　　　　〕の役割：財やサービスの価格と取引量を決める
・市場での価格の決まり方
　価格が高くなった場合　＊価格が低い場合は逆の動き
　　→消費者の〔⑥　　　　　　　〕量減少，企業の〔⑦　　　　　　　〕量増加
　　→商品に余りが出る→企業は価格を引き〔⑧　　　　　　　〕
　このように価格が変動することで〔⑨　　　　　　　〕（需要と供給が一致する価格）へ
・〔⑩　　　　　　　　　　〕（市場の自動調整作用）
　　：市場が価格を〔⑨〕へ導く性質

市場と競争

・市場の効率性…企業がたがいに〔⑪　　　　　　〕しているときに発揮される
・〔⑫　　　　　　　〕
　　：企業どうしで価格が下がらないよう取り決める行為
　　〔⑫〕は競争を排除する行為として〔⑬　　　　　　　　〕により禁止，
　　〔⑭　　　　　　　　　　〕がその監視にあたる
・19世紀後半　重化学工業化，大量生産による製品単価の引き下げ（規模の経済性）→少数大企業が市場を支配する〔⑮　　　　　　〕・独占の傾向
・寡占市場…優位にある企業が〔⑯　　　　　　　　　〕（価格先導者）に→価格競争回避の傾向へ
　　　　　　→〔⑰　　　　　　　　　〕（広告・宣伝，サービスなどの競争）が強化される
・管理価格…〔⑮〕市場のもと価格競争が回避され固定的になる価格
・〔⑱　　　　　　　　　　　〕
　　：管理価格で，価格が下がりにくくなる傾向
・近年，技術革新（〔⑲　　　　　　　　　　〕）により激しい競争が多い
・オーストリアの経済学者〔⑳　　　　　　　　　　〕
　　…競争による企業の〔⑲〕が，経済発展の原動力と主張

市場の失敗

・市場メカニズムによる解決が期待できない問題

　ⅰ）所得不平等の拡大

　ⅱ）教育，医療サービスなどの〔㉑　　　　　　〕の供給

　ⅲ）〔㉒　　　　　　〕や環境破壊

　これらを〔㉓　　　　　　　　〕といい，政府による政策が必要

　〔㉔　　　　　　　　〕：環境破壊など，市場の外部で不利益が発生する場合

　外部経済：市場の外部で利益が発生する場合

㉑ _____

㉒ _____

㉓ _____

㉔ _____

正誤問題　　次の文が正しい場合には○，誤っている場合には×を（　）に記入しなさい。

１．企業同士で価格が下がらないように取り決めなどする行為を価格カルテルといい，独占禁止法で禁止されている。　　　　　　　　　　　　　　　　　　　　　　　　　　　　　　　（　　　　）

２．プライスリーダーが出て価格競争が回避されるようになると，広告・宣伝・サービスなどの非価格競争が強化される。　　　　　　　　　　　　　　　　　　　　　　　　　　　　　　　（　　　　）

３．資本主義における競争が，次々と技術革新（イノベーション）をもたらし，経済発展の原動力となると主張した経済学者はケインズである。　　　　　　　　　　　　　　　　　　　（　　　　）

４．市場における競争の結果，失業などで労働者が職を失い所得の不平等が拡大しても，市場メカニズムにその解決を期待することができる。　　　　　　　　　　　　　　　　　　（　　　　）

Work　　①リンゴの価格と需要量，供給量の関係が下の表に示されるような場合，下の図中に需要曲線D，供給曲線Sを描き入れなさい。またこのグラフに関する下の文中の空欄に適語または数値を入れなさい。

価格（円）	50	100	150	200	250
需要量（個）	2,500	2,000	1,500	1,000	500
供給量（個）	500	1,000	1,500	2,000	2,500

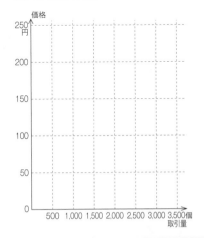

　左図の縦軸ではかっているのは，価格と取引量のうち〔①　　　　　　〕である。もし価格が200円なら需要量は〔②　　　　　　〕個，供給量は〔③　　　　　　〕個となり，差し引き〔④　　　　　〕個余る。この余りを〔⑤　　　　　　〕といい，生産者は価格を下げて販売しようとする。

　左図では均衡価格は〔⑥　　　　　〕円に，取引量は〔⑦　　　　　〕個となる。

---

②リンゴが豊作で下表のように供給量が増えた場合の新しい供給曲線S'を上図に描きなさい。

価格（円）	50	100	150	200	250
新供給量（個）	1,500	2,000	2,500	3,000	3,500

❹ 企業の役割

▶教科書 **p.64〜65**

① _____
② _____
③ _____
④ _____
⑤ _____
⑥ _____
⑦ _____
⑧ _____
⑨ _____
⑩ _____
⑪ _____
⑫ _____
⑬ _____
⑭ _____
⑮ _____
⑯ _____
⑰ _____
⑱ _____
⑲ _____

>>>【⑪】
〔⑫〕選任・解任のほかに，定款(株式会社の基本事項)の変更，吸収合併，会社の解散なども決定される（→教p.64❶）

企業の種類

公企業：国や地方自治体が資金を出して運営
〔①　　　　　　〕：個人や私的な団体が出資し，事業を通じて得た利益
　　　　　　（〔②　　　　　〕）を出資者間で分配

会社の種類	出　資　者	特　　徴
〔③　　　　　〕	〔④　　　　　〕の株主	多数の株式発行で大資本を集めやすい
〔⑤　　　　　〕	無限責任の社員	家族や親族経営の小規模な会社が多い
〔⑥　　　　　〕	無限責任の社員と有限責任の社員	小規模な会社が多い
合同会社	有限責任の社員	ベンチャー企業などに適する

株式会社

・〔⑦　　　　　　　　　〕：倒産時，出資者が会社の負債をすべてひき受ける
・株式会社
　…資本金を小口の〔⑧　　　　　〕に分け，多くの人から出資をつのる
　　出資者（〔⑨　　　　　〕）は，出資額に応じ〔⑩　　　　　〕（会社が上げた利益の分配）を受け取る
　　倒産時，〔⑨〕は出資金を失うのみの責任（〔④〕）
　∴　株式会社は多数の出資者を集めることができ，大規模な会社設立が可能
・〔⑪　　　　　　　〕
　　：株式会社の最高決定機関。議決権は，所有する株式数に応じる
　　　株主は〔⑪〕にて専門の経営者（〔⑫　　　　　〕）を選出し，
　　　経営を委託（〔⑬　　　　　　　　〕）

企業の変容

・こんにちの企業
　経営多角化のため，異なる業種の会社を合併・買収（〔⑭　　　　　〕）
　　→〔⑮　　　　　　　　〕（複合企業）となる企業が増加
　　経営が世界的規模の〔⑯　　　　　　〕も増加
・〔⑰　　　　　　　〕
　　：事業活動のコントロールのため他会社の株式を保有する会社
　　　〔⑰〕が独占禁止法改正で解禁になり，〔⑭〕が進行
・〔⑱　　　　　　　　　　　〕（企業統治）の強化
　　…経営者の行動が，株主の利益に反しないよう管理・監督
・経営内容を公開する〔⑲　　　　　　　　　　〕も一般的傾向に
　株主の利益・配当の保護は株式会社の原則だが，利益配当の過度の優先は，
　従業員の賃金・雇用が不安定になる傾向の指摘も

企業の社会的責任

・〔⑳   〕（CSR）を問う声が高まる

　…企業をすべての利害関係者〔㉑   〕にとって
　意義ある存在とするため

　企業には法令遵守（〔㉒   〕）の徹底，
　従業員の待遇改善，地域社会への貢献，環境への配慮なども求められ
　る

⑳ _____

㉑ _____

㉒ _____

>>> **企業の社会貢献活動**
寄付行為やボランティアなどの社会的貢献活動を**フィランソロピー**，芸術や文化への支援活動を**メセナ**という。（→教p.65❸）

正誤問題　　次の文が正しい場合には○，誤っている場合には×を（　）に記入しなさい。

1．株式会社の株主は，会社が倒産した場合，その出資金を失うだけで，それ以上の負債を負う義務はない（有限責任）。　　　　　　　　　　　　　　　　　　　　　　　　　　　　　　　　（　　　）

2．株式会社では，株主が株主総会で専門の経営者（取締役）を選出し経営を委託するので，「所有と経営の分離」は存在しない。　　　　　　　　　　　　　　　　　　　　　　　　　　　　　（　　　）

3．こんにちの企業は，経営の多角化をはかるため，異なる業種の会社を合併・買収（M＆A）し，コングロマリット（複合企業）になるものが多い。　　　　　　　　　　　　　　　　　　（　　　）

4．近年，コーポレート・ガバナンス（企業統治）の強化が進められているのは，従業員の賃金や雇用を安定させるためである。　　　　　　　　　　　　　　　　　　　　　　　　　　　　（　　　）

5．近年，企業の社会的責任を問う声が高まっているのは，企業をすべての利害関係者（ステークホルダー）にとって意義ある存在とするために，企業の責任や義務のあり方を問いなおそうとする姿勢からのものである。　　　　　　　　　　　　　　　　　　　　　　　　　　　　　　　　　　　　（　　　）

☑Check　教科書 p.64 資料❷「株式会社のおもなしくみ」　株主と取締役の関係を確認してみよう。
次の①～⑤の文章の中から，正しいものをすべて選びなさい。

①　株式会社の所有権は株式の所有者である株主に帰するが，大規模な会社では株主が多数になることから，通常は株主総会において専門の経営者を選出し，経営を委託する。

②　株主は会社の意思決定における議決権をもつと共に，業務を実際に執行する。この内容を監視・監査するのが取締役である。

③　取締役は，株主総会で株主の意思に基づいて会社の基本方針を決定し，業務を実際に執行する。

④　所有と経営の分離の観点から，取締役は社外の人間でなくてはならない。

⑤　株主総会において選任・解任することができるのは取締役のみである。

❺ 国民所得

▶教科書 p.68〜69

①
②
③
④
⑤
⑥
⑦
⑧
⑨
⑩
⑪
⑫
⑬
⑭
⑮
⑯
⑰

GDP・GNI

・〔①　　　　　　　〕（国内総生産）

：1年間に〔②　　　　　〕で生産された〔③　　　　　　　　　　〕
から，原材料など〔④　　　　　　　　〕の価格を差し引いた
〔⑤　　　　　　　〕の合計
経済活動の指標とされている

・〔⑥　　　　　　　〕（国民総所得）

：日本の国民や企業が，〔②〕および〔⑦　　　　　　〕で生産した付加
価値の合計
2000年に，それまで利用されていた〔⑧　　　　　　　〕（国民総生産）
にかわって導入された指標

＊〔⑧〕が生産物の付加価値合計をあらわすのに対し，これを所得の側か
らとらえたものが〔⑥〕

・〔⑨　　　　　　　〕

：製造過程で機械などが消耗し，その価値の一部を失った分
企業会計上は〔⑩　　　　　　　〕という

・GDPとGNIには，〔⑨〕が含まれている。さらに，
消費税などの〔⑪　　　　　〕が含まれ価格を高くしている
〔⑫　　　　　　〕などが出ている場合はその分だけ価格が安くなっている

・NI（〔⑬　　　　　　〕）

：GNIから〔⑨〕を差し引き，〔⑪〕と〔⑫〕を調整した指標
賃金，利潤，地代・利子，税金などに分配される

・国民所得の〔⑭　　　　　　〕

国民所得は，{ 生産された価値の合計であり（〔⑮　　　　　　〕）
分配された所得の合計であり（〔⑯　　　　　　〕）
支出された金額の合計でもある（〔⑰　　　　　　〕）

下図で〔⑮〕＝〔⑯〕＝〔⑰〕の関係を〔⑭〕の原則という

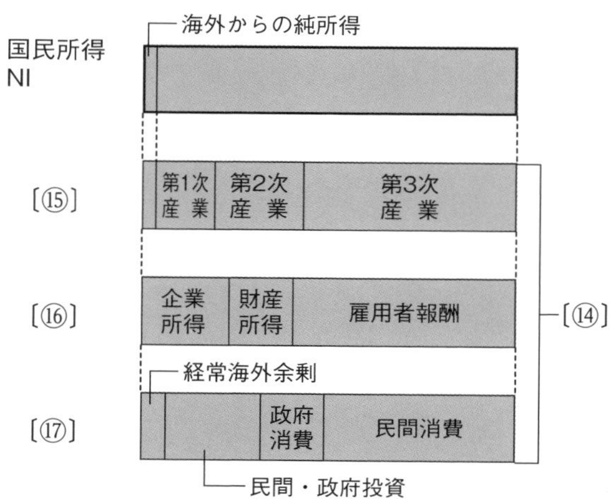

1．日本のGDP（国内総生産）には，アメリカ合衆国籍の企業の日本支店が，日本でうみだした付加価値が含まれない。　　　　　　　　　　　　　　　　　　　　　　　　　　　　　　（　　　　）

2．NI（国民所得）には，製品の製造過程で機械の価値が消耗した分（固定資本減耗）が含まれていない。　　　　　　　　　　　　　　　　　　　　　　　　　　　　　　　　　　　　（　　　　）

3．国民所得には，生産国民所得，支出国民所得，分配国民所得があるが，このなかでは生産国民所得の額が一番大きい。　　　　　　　　　　　　　　　　　　　　　　　　　　　　　　　（　　　　）

Work　①国民所得の相互関連を示す下図にある（　）に適する語句を，解答欄に記しなさい。

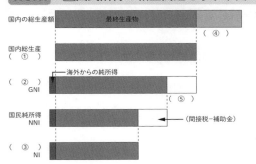

①	
②	
③	
④	
⑤	

②以下の図を見て，各問いに答えなさい。

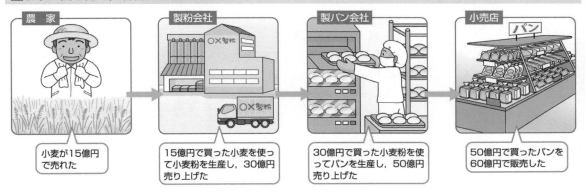

農家　　　小麦が15億円で売れた

製粉会社　　15億円で買った小麦を使って小麦粉を生産し，30億円売り上げた

製パン会社　　30億円で買った小麦粉を使ってパンを生産し，50億円売り上げた

小売店　パン　　50億円で買ったパンを60億円で販売した

問1　農家の付加価値はいくらか。　　　　　　　　　　　　　　〔　　　　　　〕億円
問2　製粉会社の付加価値はいくらか。　　　　　　　　　　　　〔　　　　　　〕億円
問3　製パン会社の付加価値はいくらか。　　　　　　　　　　　〔　　　　　　〕億円
問4　小売店の付加価値はいくらか。　　　　　　　　　　　　　〔　　　　　　〕億円
問5　GDP（付加価値総額）はいくらか。　　　　　　　　　　　〔　　　　　　〕億円

Exercise　ある国の1年間における経済指標の数値が「国民総所得：500，間接税：60，固定資本減耗：80，補助金：30」だった場合，この国の「国民所得」の数値を求めてみよう。

❻ 経済成長と国民の福祉　　　　　　　　　　　▶教科書 **p.70〜71**

①＿＿＿＿＿＿＿＿＿

②＿＿＿＿＿＿＿＿＿

③＿＿＿＿＿＿＿＿＿

④＿＿＿＿＿＿＿＿＿

⑤＿＿＿＿＿＿＿＿＿

⑥＿＿＿＿＿＿＿＿＿

⑦＿＿＿＿＿＿＿＿＿

⑧＿＿＿＿＿＿＿＿＿

⑨＿＿＿＿＿＿＿＿＿

⑩＿＿＿＿＿＿＿＿＿

⑪＿＿＿＿＿＿＿＿＿

⑫＿＿＿＿＿＿＿＿＿

⑬＿＿＿＿＿＿＿＿＿

⑭＿＿＿＿＿＿＿＿＿

⑮＿＿＿＿＿＿＿＿＿

⑯＿＿＿＿＿＿＿＿＿

⑰＿＿＿＿＿＿＿＿＿

⑱＿＿＿＿＿＿＿＿＿

⑲＿＿＿＿＿＿＿＿＿

⑳＿＿＿＿＿＿＿＿＿

▌経済成長と景気変動

・〔①　　　　　　　　　〕：GDPの値が大きくなること

　　〔①〕の１年の増加率：〔②　　　　　　　　　　〕

・〔①〕をもたらす要因

　ⅰ）最大の要因：〔③　　　　　　　　　〕（資本蓄積）

　ⅱ）一定の教育・技能水準をもった多数の〔④　　　　　　　　〕の存在

　ⅲ）所得分配の公平性

　　　…労働者の所得が低く，製品への需要が少ないと経済成長を左右

・資本主義経済の景気変動（４局面）

　〔⑤　　　　　　　〕…経済成長率が一時的に高くなる時期

　　　生産と雇用が増える

　　　物価が上昇を続ける〔⑥　　　　　　　　　　　　〕（インフレ）が

　　　おこることも

　〔⑦　　　　　　　　　〕…製品が過剰になるとはじまる

　〔⑧　　　　　　　〕…生産と雇用縮小。経済成長率は低下・マイナスに

　　　物価が下がり続ければ〔⑨　　　　　　　　　　　　〕（デフレ）に

　　　場合により〔⑩　　　　　　　〕に発展

　〔⑪　　　　　　　　　〕…生産活動再開，雇用増加へ

　　資本主義経済は〔⑫　　　　　　　　　〕をくりかえす

名　称	周期	おもな原因
キチンの波（短期波動）	約４年	在庫の変化
〔⑬　　　　　　　　〕の波（中期波動）	約10年	設備投資の変動
クズネッツの波	約20年	住宅や工場などの建てかえ
〔⑭　　　　　　　　　　　〕の波（長期波動）	約50年	〔⑮　　　　　　　　　〕，資源の大規模な開発

・〔⑯　　　　　　　　　　　〕指数：消費財の物価をあらわす指数

▌フローとストック

・〔⑰　　　　　　　　〕：GDPのようなある一定期間の経済活動の流れ

・〔⑱　　　　　　　　〕：ある一時点で計測できる資産の蓄積量

・〔⑲　　　　　　　〕：〔⑱〕のうち天然資源をのぞき，土地や建物など有形資産
　　　と対外純資産を合計したもの

・〔⑳　　　　　　　　　〕：道路，鉄道，上下水道など人々が共通して利用する
　　　もの。日本では生活関連の〔⑳〕の整備に遅れ

>>> **設備投資**
機械設備の増設や工場規模の拡大など，生産を拡大させる目的でおこなわれる投資。

>>> **物価**
財・サービス価格の平均値のこと。消費財の物価は〔⑯〕指数で，機械設備や原材料費など，生産活動に関係する財の物価は，**企業物価指数**であらわされる。（→教p.70◆２）。

豊かさとGDP

・GDPの限界…自然環境破壊なども，それが市場価格をもたない限り，GDPに反映されない

・〔㉑　　　　　〕（国民純福祉）
　　：余暇や自由時間をプラス，環境破壊をマイナスの要因としてGDPに加算し，国民生活を福祉的な側面から評価しようとする指標

・〔㉒　　　　　　　　〕
　　：GDPは環境破壊や健康被害を考慮しないため，環境への負荷を数値化してGDPからさしひいたもの

㉑ _____

㉒ _____

正誤問題　　　次の文が正しい場合には○，誤っている場合には×を（　）に記入しなさい。

１．労働者の所得が低いと，製品への需要が少ないことにつながるので，所得分配の公平性は，経済成長を左右する要因になる。　　　　　　　　　　　　　　　　　　　　　　　　　　　　（　　　）

２．国富のうち道路，鉄道，上下水道などを社会資本というが，日本では産業関係の社会資本の整備が，生活関連の社会資本に比べて，たちおくれているといわれる。　　　　　　　　　（　　　）

３．景気変動の長期波動は，周期約50年で技術革新や資源の大規模開発により起こるものと考えられ，ジュグラーの波とよばれる。　　　　　　　　　　　　　　　　　　　　　　　　　　（　　　）

４．NNW（国民純福祉）は，余暇や自由時間をプラス要因，環境破壊などをマイナス要因としてGDPに加算し，国民生活を福祉的側面から評価しようとする指標である。　　　　　（　　　）

Work　教科書p.71資料■「景気変動の４局面と波動の種類」を参考にして，次の図のa～dの空欄に適する語句を，またそれぞれの局面を特徴づける文章の番号を，解答欄に記入しなさい。

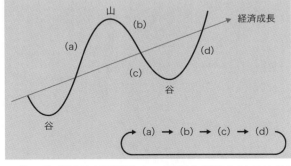

	局面の名称	文の番号
a		
b		
c		
d		

①　生産活動が再開され，雇用も増加しはじめる時期。
②　ピークを過ぎて，製品が過剰になりはじめる時期。
③　新技術のいっせい導入などにより，経済成長率が高くなる時期。
④　経済成長率が低下またはマイナスの時期。

Exercise　ある年のGDPが630，その前年のGDPが600，物価上昇率が2％だったとする。このときの「①名目成長率」をまず求めてみよう。次に，「②名目成長率と実質成長率のどちらが大きいか」を考え，答えてみよう。

①名目成長率　[　　　]％　　②[　　　]成長率のほうが大きい

❼ 金融の役割

▶教科書 **p.72〜73**

①_____

②_____

③_____

④_____

⑤_____

⑥_____

⑦_____

⑧_____

⑨_____

⑩_____

⑪_____

⑫_____

⑬_____

⑭_____

⑮_____

⑯_____

金融とは

・〔①　　　　　　　〕：資金に余裕のある経済主体と，資金が必要な経済主体が資金を融通しあうこと

・〔②　　　　　　　　　〕：資金の貸し手と借り手との間で取引がおこなわれる場

　〔③　　　　　　　　　　　〕…1年未満の資金取引がおこなわれる

　長期金融市場…1年以上の資金取引がおこなわれる

　資金の需要と供給は〔④　　　　　　　　〕の変動を通じて調整される

銀行と信用創造

・銀行は集めた預金の一部を〔⑤　　　　　　　　　　〕として残し，残りを利子をとって貸しだす（融資）

・〔⑥　　　　　　　　〕（預金創造）

　：銀行が信用により最初の預金の何倍もの融資をおこなうこと

　→社会全体の通貨量（〔⑦　　　　　　　　　　　　〕）が増加

証券会社と保険会社

・〔⑧　　　　　　　〕会社…株式などの有価証券を売買したい人や会社の仲立ちをして，証券取引所などを通じて取引を成立させる

・〔⑨　　　　　　　〕会社…人々から保険料としてお金を集め，病気になった場合には保険料を支払うが，資産運用など金融機関としての役割も担う

≫≫ **公債**
国や自治体が発行する債券。（→教p.72❶）

≫≫ **護送船団方式**
船団が最も遅い船に速度を合わせるように，弱小の金融機関でも破たんしないようにする競争規制。（→教p.73❸）

間接金融と直接金融

　〔⑩　　　　　　　　　〕：銀行などの金融機関が間に入る融資

　〔⑪　　　　　　　　　〕：企業が株式・社債を発行して資金調達

　日本では，近年，〔⑪〕の割合が高まる

　〔⑫　　　　　　　　　〕：企業が株式で集めた資金

　〔⑬　　　　　　　　　〕：社債発行や借り入れで集めた資金

金融の自由化と国際化

・日本でも金融の国際化などを背景に，〔⑭　　　　　　　　　　　〕が進められた

・1990年代後半から日本版〔⑮　　　　　　　　　　　〕実施

　…国際金融取引の自由化など，いっそうの規制緩和が進められた

・〔⑯　　　　　　　　〕：金融機関が破綻した場合の預金払い戻し制度

　　　　　　　　　　2005年解禁

正誤問題 次の文が正しい場合には○，誤っている場合には×を（ ）に記入しなさい。

1．企業が資金を調達するとき，株式や社債を発行して証券市場で調達することを間接金融といい，企業と貸し手の間に銀行などの金融機関がはいることを直接金融という。　　　　　　　　　　　（　　）

2．金融機関同士が1年以上の長期の資金取引をおこなう場を，コール市場という。　　（　　）

3．社会全体の通貨量をマネーストックという。　　　　　　　　　　　　　　　　　　　（　　）

4．金融機関の中には，預金の取り扱いを行わないものもある。　　　　　　　　　　　（　　）

5．日本の金融制度は従来規制が非常に緩かったため，1990年代後半からの日本版金融ビッグバン以降は，規制が強化される方向にある。　　　　　　　　　　　　　　　　　　　　　　　　　（　　）

6．実際の銀行業務では，貸出や返済の際にはその都度現金を取り扱うことで信用を担保している。

　　　（　　）

Work 　①教科書 p.72 資料❶「金融機関の種類」を参考に，下の表を完成し，下の文中の空欄ア～エに適する a～e の記号を入れなさい。ただし，複数の記号が入る空欄もある。

中央銀行		〔　　ア　　〕
民間 金融機関	預金取扱金融機関	普通銀行：〔　　イ　　〕，地方銀行，第二地方銀行　など 信託銀行，信用金庫，信用組合，労働金庫，農協・漁協　など
	その他の金融機関	〔　　ウ　　〕，損害保険会社，消費者金融機関，証券会社　など
公的金融機関		〔　　エ　　〕　など

　a．生命保険会社　　b．ゆうちょ銀行　　c．日本政策金融公庫　　d．都市銀行　　e．日本銀行

ア		イ		ウ		エ	

②信用創造に関する以下の文中の〔ア〕～〔キ〕にあてはまる数値を答えなさい。

　Ｘさんが現金500万円をＡ銀行に預金したとする。支払準備率を10％とすると，Ａ銀行は支払準備金〔ア　　　　　〕万円をのぞいた〔イ　　　　　　〕万円を融資に使える。これをＹさんが借りてＢ銀行に預金したとする。Ｂ銀行は支払準備金をのぞいた〔ウ　　　　　　〕万円をＺさんに貸し，ＺさんはこれをＣ銀行に預金したとする。この場合，Ａ，Ｂ，Ｃ各銀行への預金総額は〔エ　　　　　　〕万円となる。〔エ〕万円からはじめのＡ銀行への預金500万円をひいた〔オ　　　　　　〕万円が信用創造でつくられた預金通貨である。…融資はその後も続くので，理論上，最初の預金額の1／支払準備率倍の〔カ　　　　　　〕万円まで預金を増やすことができる。最初のＡ銀行への預金額をさしひくことで得られる信用創造された額は〔キ　　　　　　〕万円となる。

③教科書 p.72 資料❸「マネーストックの内訳」を参考にして，現金通貨および預金通貨の割合を書きなさい。

　　　　　　　　　現金通貨の割合 [　　　　　]％　　　預金通貨の割合 [　　　　　]％

❽ 日本銀行の役割

▶教科書 **p.74〜75**

① _____
② _____
③ _____
④ _____
⑤ _____
⑥ _____
⑦ _____
⑧ _____
⑨ _____
⑩ _____
⑪ _____
⑫ _____
⑬ _____
⑭ _____
⑮ _____
⑯ _____
⑰ _____
⑱ _____

中央銀行の働き

・各国に市中銀行とは別に〔①　　　　　　〕が存在
　日本の〔①〕：〔②　　　　　　〕（日銀）
・〔②〕のはたらき
　〔③　　　　　　〕：市中銀行から預金を預かり，必要に応じ，市中銀行に資金を貸しだす
　〔④　　　　　　〕：政府資金の出し入れをおこなう
　〔⑤　　　　　　〕：唯一，紙幣（日本銀行券）を発行できる
・金本位制度…紙幣は〔⑥　　　　　　〕なので，いつでも金と交換できる
　〔⑦　　　　　　〕制度…紙幣は〔⑧　　　　　　〕
　　　　　　供給量を日銀が政策的に調整

金融政策

・〔⑨　　　　　　〕：日銀が，〔⑩　　　　　　〕を調整し，景気・物価の安定をはかること
　〔⑪　　　　　　〕
　　：景気が悪いとき，通貨供給量を増やして金利を下げる
　〔⑫　　　　　　〕
　　：景気過熱時，通貨供給量を減らし，金利を上げる
・〔⑬　　　　　　〕（オープン・マーケット・オペレーション）
　：日銀が民間金融機関と国債などを売買して通貨供給量を調整
　政策金利（〔⑭　　　　　　〕）を誘導し，景気の安定化をはかる
・以前の金融政策の柱，公定歩合操作は金利の自由化でその役割を変え，預金準備率操作も不実施に
・近年の景気後退期…政策金利を実質０％に下げる〔⑮　　　　　　〕政策や，金利ゼロの下でも資金を大量に供給する〔⑯　　　　　　〕政策などを実施
・2013年〔⑰　　　　　　〕実施
　　　…インフレターゲット政策を盛り込む
　　　（消費者物価上昇率を前年比２％とする目標を含む）

>>> 〔⑭〕
金融機関どうしが担保なしで短期資金を貸し借りする取引での，期間が翌日までの金利。（→教p.74❸）

日銀短観

・〔⑱　　　　　　〕（全国企業短期経済観測調査）
　：全国から抽出された約１万社の企業を対象に，生産高や設備投資額などの数値（係数項目）と景気や雇用に関する企業の判断（判断項目）のアンケート方式の調査
　…直近の景気動向を示すデータとして，政策決定においても重視される

　　　次の文が正しい場合には○，誤っている場合には×を（　）に記入しなさい。

1．日本銀行は，「銀行の銀行」として，市中銀行から預金を預かり，必要に応じて，市中銀行に資金を
　　貸しだす。　　　　　　　　　　　　　　　　　　　　　　　　　　　　　　　　　（　　　）

2．現在の日本の紙幣は，必要に応じて金と交換できる兌換紙幣である。　　　　　　　（　　　）

3．日銀の金融政策の中心的手段は，公定歩合操作である。　　　　　　　　　　　　　（　　　）

4．景気加熱時に，通貨供給量を減らして金利を上げようとすることを金融緩和という。（　　　）

5．公開市場操作は，不況時には効果を発揮できないこともあるので，金融政策と財政政策の適切な組合
　　せが重要になる。　　　　　　　　　　　　　　　　　　　　　　　　　　　　　（　　　）

Work　　1 教科書p.75の図を参考に，図中の（a）〜（f）については解答欄の適切な方を○で囲み，
（g）と（h）については，適切な語を記しなさい。

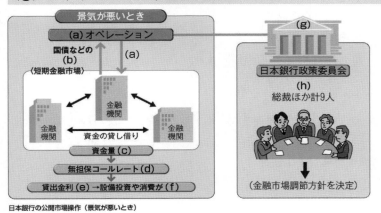

日本銀行の公開市場操作（景気が悪いとき）

a	資金供給・資金吸収
b	買い入れ・売却
c	増加・減少
d	上昇・低下
e	上昇・低下
f	増加・減少
g	
h	

2 1 を参考に，景気が過熱したときの公開市場操作及びそれに伴う金融市場や経済活動の状態につい
　　ての説明として適切なものを次の①〜⑤から1つ選びなさい。

① 　国債を売却することで，資金を市場に供給する。

② 　資金供給量を減らすことで，無担保コールレートが上昇する。

③ 　貸出金利が低下するため，設備投資や消費が増加する。

④ 　資金量を調整する場は，短期金融市場ではなく長期金融市場である。

⑤ 　短期金融市場の資金量が増えることで，経済が活性化する。

❾ 財政の役割と租税

▶教科書 p.78〜79

① _____

② _____

③ _____

④ _____

⑤ _____

⑥ _____

⑦ _____

⑧ _____

⑨ _____

⑩ _____

⑪ _____

⑫ _____

⑬ _____

⑭ _____

⑮ _____

⑯ _____

⑰ _____

⑱ _____

▌財政と財政政策

・〔①　　　　　　　〕：政府がおこなう経済活動

　　　　　　　　　（所得格差や不安定な雇用などの諸問題に対しておこなう）

・財政の機能

　ⅰ）〔②　　　　　　　〕の供給

　　　　：道路や公園，警察・消防・公衆衛生などのサービスを供給

　　　　　財政の〔③　　　　　　　　　〕ともいう

　ⅱ）〔④　　　　　　　〕

　　　　：所得が高くなるほど高税率となる〔⑤　　　　　　　〕制度を

　　　　とり，集めた税金を〔⑥　　　　　　　〕給付に用いる

　ⅲ）経済の安定化

　　　　：裁量的（伸縮的）財政政策（〔⑦　　　　　　　　　　　　　　〕）

　　　　による景気の安定化

　　　　不況期…減税，〔⑧　　　　　　　〕の拡大

　　　　　　　→有効需要を大きくすることで，不況からの脱出をはか

　　　　　　　る

・〔⑤〕…景気の自動安定化装置

　　　　（〔⑨　　　　　　　　　　　　　　〕）の役割も

・〔⑩　　　　　　　　　　　　〕

　　　　…財政政策と金融政策を適切に組み合わせ，景気安定化をめざす

▌歳入と歳出

・政府の収入を歳入，支出を歳出という

・〔⑪　　　　　　　　〕：政府の一般的活動に当てる予算

　〔⑫　　　　　　　　〕：特定の事業に当てる予算

　〔⑬　　　　　　　〕

　　　…郵便貯金，国民年金などを財源とし，「第二の予算」といわれた

▌租税の種類

・国税（中央政府の財源になる）と地方税（地方政府の財源になる）

・〔⑭　　　　　　　〕：税の納入者と実際の負担者が一致する税

　〔⑮　　　　　　　〕：税の納入者と実際の負担者が一致しない税

・〔⑯　　　　　　　〕：〔⑤〕など所得の多い人がより多く税を負担

　〔⑰　　　　　　　〕：同程度の所得の人が同程度の税を負担

・〔⑭〕の多くは自己申告制

　　…給与から税金が直接引かれる〔⑱　　　　　　　〕方式を除くと，〔⑰〕

　　が満たされない場合も

》》》 **税金の種類**

所得税…個人が1年間で得た給料などの収入に対して課税されるもの

法人税…会社などが得た利益に対して課税されるもの

相続税…亡くなった人の遺産を受け継ぐときに，その金額に応じて課税されるもの

住民税…教育・福祉・防災など地域社会の生活に必要な費用を住民が負担するもの

1．公共財は，同時に多くの人が利用でき，料金を払わない人だけを利用停止にすることが難しいため，民間ではなく政府が供給せざるを得ない。 （　　　　）

2．不況時における裁量的財政政策（フィスカル・ポリシー）は，減税や財政支出を縮小することにより，有効需要を大きくし，不況からの脱出をはかる。 （　　　　）

3．酒税は，国税であり，間接税である。 （　　　　）

Work ①教科書p.79資料④「租税の種類」を参考に，表中のＡの区分に当てはまる税として適当なものを，①〜④からすべて選びなさい。

	直接税	間接税
国税	A	
地方税		

① 消費税
② 所得税
③ 法人税
④ 固定資産税

（　　　　）

②次の文章は直接税または間接税のいずれかの特徴について説明したものである。どちらの税についてのものかを答えなさい。

この区分の税は，課税のしくみから脱税などの問題点が生じにくい一方で，所得にかかわりなく同率での課税となるため，所得に占める税負担の割合が高くなる。

（　　　　）

Exercise 教科書p.78資料①「累進課税制度」を参考に，課税所得が400万円の場合の課税額はいくらか計算しなさい。

式　　　　　　　　　　　　　　　　　　　　　　　　　　　　　　　　　（　　　　）円

✓Check 教科書p.78資料②「一般会計の歳入・歳出」をみて，次の各問いに答えなさい。

問1 最も大きく増えた歳入・歳出項目はそれぞれ何か

大きく増えた歳入項目 ［　　　　　　　　　　　］ 大きく増えた歳出項目 ［　　　　　　　　　　　］

問2 問1で増えた項目が増加した理由として考えられるものを次の①〜⑤からすべて選びなさい。

① 少子高齢化の進行
② 経済の長期低迷による税収の伸び悩み
③ 財政構造改革による歳出項目の見直し
④ 歳出の増加傾向
⑤ 国債価格の上昇

（　　　　）

❿ 日本の財政の課題

▶教科書　**p.80〜83**

①_____

②_____

③_____

④_____

⑤_____

⑥_____

⑦_____

⑧_____

⑨_____

⑩_____

⑪_____

⑫_____

⑬_____

▍税制改革の動向 ◖

・〔①　　　　　　　　　〕
　　　：租税のあり方を社会・経済の実情にあわせ，税率変更や租税の新設・
　　　廃止をおこなうこと
・1989年の消費税導入，所得税減税
　　➡直接税と間接税の比率（〔②　　　　　　　　　〕）を大きくかえた
・近年，〔③　　　　　　　　　　　　〕が増加
　　➡税制と社会保障の総合的な改革の議論　➡消費税増税
・東日本大震災の復興経費のため，所得税などの臨時増税や地球温暖化防止の
　ための〔④　　　　　　　　　　　　〕（環境税）を導入

▍財政危機と財政構造改革 ◖

・租税で必要な歳出をまかなえないときは，不足分を〔⑤　　　　　　〕の発行
　で補う
・〔⑥　　　　　　　　〕第4条では，原則的に国債発行の禁止を定めた
　┌〔⑦　　　　　　　　　〕：道路や港湾の建設を目的とする国債
　│　　　　　　〔⑥〕が例外的に認めている
　└〔⑧　　　　　　　　　〕：一般的な支出に当てるための国債
・〔⑧〕は本来禁止
　…1975年に特例として認められ（特例国債），その後国債発行額は急増
・〔⑨　　　　　　　　　　〕：歳入に占める国債の割合
　〔⑩　　　　　　　　　〕：国債の元金・利子などの支払経費
　日本は〔⑨〕が高く，また歳出に占める〔⑩〕の割合も高い
　　→予算の多くが国債の返済に使われると，柔軟な財政政策ができなくなる
　　（〔⑪　　　　　　　　　　〕）
　　→〔⑫　　　　　　　　　〕が重要な課題に
・〔⑬　　　　　　　　　　　　〕（基礎的財政収支）
　　　：歳入・歳出のうち，公債（国債）にかかわる部分をのぞいた収支

>>> 【⑬】
収支が均衡していれば，租
税などの歳入だけで歳出を
まかなうことができる。日
本では，基礎的財政収支を
黒字にすることが当面の課
題とされる。（→教 p.80◆
1）

正誤問題　　　次の文が正しい場合には○，誤っている場合には×を（　）に記入しなさい。

1．1989年の消費税導入と所得税の減税は，租税に占める直間比率を大きくかえた。　　　　（　　　）

2．所得税の税率は度々変更されているが，累進税率の段階は常に同じである。　　　　（　　　）

3．日本は，外国に比べ，国債依存度が高く，歳出に占める国債費の割合も高い。　　　　（　　　）

4．プライマリーバランスとは，歳入・歳出のうち，公債（国債）にかかわる部分をのぞいた収支をいい，
　日本ではこの部分を黒字化することが，当面の課題とされる。　　　　（　　　）

5．日本の国債は，その信用度の高さから海外の投資家が保有している割合が高い。　　　　（　　　）

①教科書p.80資料②「日本国債の保有者の割合」と資料③「おもな先進国の政府債務（借金）の対GDP比率の推移」を参考にして，次の問いに答えなさい。

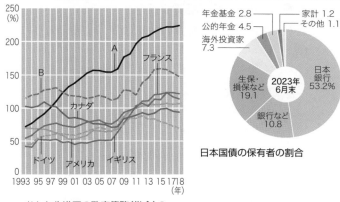

おもな先進国の政府債務（借金）の
対GDP比率の推移

日本国債の保有者の割合

問1 左側の折れ線グラフのA，Bに適する国名を記入しなさい。

A ⬚　　　　　B ⬚

問2 右側の円グラフから，日本の国債保有者に関して，どのような特色があるか。次の①～④から，あてはまるものを2つ選びなさい。

① 日本国債はほとんどが海外で保有されている。
② 日本国債はほとんどが国内で保有されている。
③ 保有者に占める投資家や家計などの割合が高い。
④ 保有者に占める金融機関の割合が高い。

⬚

②教科書p.78資料②「一般会計の歳入・歳出」と次の文を参考に，以下の問いに答えなさい。

　　プライマリーバランスは，歳入・歳出のうち公債（国債）にかかわる部分をのぞいた収支を指す。2023年度の一般会計においては，公債金をのぞいた歳入が ⬚X⬚ 兆円，国債費をのぞいた歳出が ⬚Y⬚ 兆円であるため，プライマリーバランスは ⬚Z⬚ であることがわかる。これは， ⬚A⬚ が原因のひとつである。

問1 空欄 ⬚X⬚ ・ ⬚Y⬚ に入る数字を答えなさい。　　X ⬚　　　　Y ⬚

問2 ⬚Z⬚ に当てはまる語句は「均衡」，「黒字」，「赤字」のどれか。

⬚

問3 ⬚A⬚ に当てはまる文章として正しいものを，次の①～③のうちから1つ選びなさい。

① 歳入に占める国債の割合が高いこと
② 財政法は原則的に国債の発行を禁止していること
③ 財政が硬直化していること

⬚

❶ 日本経済の成長と課題　　　　　　　　　　　▶教科書 **p.84〜87**

① _____

② _____

③ _____

④ _____

⑤ _____

⑥ _____

⑦ _____

⑧ _____

⑨ _____

⑩ _____

⑪ _____

⑫ _____

⑬ _____

⑭ _____

⑮ _____

⑯ _____

⑰ _____

⑱ _____

⑲ _____

⑳ _____

㉑ _____

㉒ _____

日本経済の復興と高度経済成長

・経済の民主化…第二次世界大戦後，GHQが中心となり実施した政策の一環
〔①　　　　　　・　　　　　　・　　　　　　〕

・〔②　　　　　　　　　　〕…鉄鋼・石炭などの基幹産業の生産力増強をはかる
→日本経済は回復
→「〔③　　　　　　　　　〕」（1956年『経済白書』）

・〔④　　　　　　　　　〕の時代…年平均〔⑤　　　　　〕％の高い成長率

・〔④〕がもたらした新たな社会問題
…都市の過密と地方の過疎，〔⑥　　　　　〕など

安定成長からバブル経済へ

・1973年　第1次〔⑦　　　　　　　　〕
1974年　経済成長率が戦後はじめてのマイナスへ➡1979年　第2次〔⑦〕

・高度成長の終わり…省エネ技術開発，経営合理化，先端産業（ハイテク）への移行をはかる➡日本製品の国際競争力高まる

1980年代　年平均4〜5％の〔⑧　　　　　　　〕へ
➡日本とアメリカの間で〔⑨　　　　　　　〕がおきる
…家電，自動車，半導体などの分野

・1985年　〔⑩　　　　　　　　〕
…アメリカの貿易赤字をくいとめるため，ドル高是正をはかる
➡円高進行➡日本製品の輸出競争力が落ちて〔⑪　　　　　　　〕に

・円高是正のため超低金利政策
➡資産価格が実態をはなれて上昇し続ける〔⑫　　　　〕景気へ

バブル崩壊と長期不況

・1990年代　〔⑫〕経済は崩壊
➡銀行などの金融機関は，多額の〔⑬　　　　　　　〕をかかえる
➡金融機関の〔⑭　　　　　　〕による多くの中小企業の倒産
企業は人員整理を含む大胆な〔⑮　　　　　　　　〕（組織再編）をおこなう

・90年代の不況は「〔⑯　　　　　　　　　〕」ともいわれた

構造改革と実感なき好景気

・長びく不況への対処…政府による積極的な財政支出
➡赤字国債発行の急増➡〔⑰　　　　　　　　〕に着手

・〔⑱　　　　　　　〕による企業間競争の活発化

・これら一連の政策を〔⑲　　　　　　　〕という

・〔⑳　　　　　〕改革
…日本道路公団などの〔⑳〕は非効率性や赤字が問題に➡改革へ
2005年　〔㉑　　　　　　　〕法成立➡2007年から郵政民営化

・2002年〜2008年　「〔㉒　　　　　　　　〕」

>>> 〔④〕の要因
企業が海外技術の導入をはじめ，積極的な設備投資をおこなったこと，国民の購買力が向上したこと，安価で質の高い労働力を確保できたことなどがある。（→教 p.84◆1）

…成長率低水準，雇用者所得はむしろ低下

企業は，低賃金で人員整理のしやすい〔㉓　　　　　　　〕を増やす

2008年　アメリカ発の〔㉔　　　　　　　〕（リーマン・ショック）によ

る世界的景気後退➡日本経済もマイナス成長へ

失業率上昇や非正規雇用労働者の雇い止めなど

これからの経済社会

・2011年　〔㉕　　　　　　　　　　〕と福島第一原子力発電所事故

・2020年　新型コロナウイルス感染拡大➡世界全体で停滞した経済活動とそ

れにともなう倒産や失業，所得格差の拡大への対応

・日本経済の課題

ⅰ）〔㉖　　　　　　　〕への対応…少子高齢化の進展による

ⅱ）格差・〔㉗　　　　　　　〕問題の解消…都市と地方，労働者間の所得など

ⅲ）競争力の維持…経済のグローバル化，「〔㉘　　　　　　　〕」発効

ⅳ）〔㉙　　　　　〕（人工知能）などの新しい技術への対応

㉓＿＿＿＿＿＿＿

㉔＿＿＿＿＿＿＿

㉕＿＿＿＿＿＿＿

㉖＿＿＿＿＿＿＿

㉗＿＿＿＿＿＿＿

㉘＿＿＿＿＿＿＿

㉙＿＿＿＿＿＿＿

正誤問題　次の文が正しい場合には○，誤っている場合には×を（　）に記入しなさい。

１．日本の高度成長の要因の１つである積極的な設備投資では，主として国内で開発された新技術の導入

がおこなわれた。　　　　　　　　　　　　　　　　　　　　　　　　　　　　　　　　　　　（　　　）

２．1990年代の長引く不況に対し政府がとった規制緩和の政策は，企業間の競争を活発化させ，経済の

活性化をはかるものであった。　　　　　　　　　　　　　　　　　　　　　　　　　　　　　（　　　）

３．2008年のアメリカ発の金融危機による世界的な景気後退でも，日本経済はマイナス成長におちいる

ことはなかった。　　　　　　　　　　　　　　　　　　　　　　　　　　　　　　　　　　　（　　　）

✓Check

１教科書p.85資料２「企業の倒産件数・負債総額と失業率の推移」　1990年代に急増したのはなぜか，本文をみて確認し，関連する出来事を次の①～④のうちから１つ選びなさい。

①　アメリカ発の金融危機　　②　第１次石油危機　　③　バブル経済の崩壊　　④　東日本大震災

２教科書p.87のグラフ「ジニ係数の国際比較」　教科書p.59の図「政府の規模と公務員の割合の国際比較」と比較し，政府の大きさが格差にどう影響するのか，考えてみよう。次の文の〔　ア　〕～〔　ウ　〕に入る語句を，下の語群から選び書きなさい。同じ語句を複数回使用してもよい。

p.87のグラフでは，ノルウェーやスウェーデンなどの国は再分配後の格差が〔**ア**　　　　　〕が，

p.59の図を見ると，一般政府支出の対GDP比が高く，政府の規模が〔**イ**　　　　　〕ことがわかる。

一方で，アメリカやイギリス，〔**ウ**　　　　　〕の政府の規模を見ると，ノルウェーやスウェーデン

よりも〔**ア**〕ことがわかるが，当初所得の格差，再分配後の格差のどちらも，スウェーデンよりも〔**イ**〕。

このことから，政府の規模が〔**イ**〕ほうが，再分配によって格差の是正により影響を与えていると考

えられる。

【語群】　小さい　　大きい　　同程度である　　日本　　フランス

❷ 中小企業と農業

▶教科書 p.88〜89

① _____

② _____

③ _____

④ _____

⑤ _____

⑥ _____

⑦ _____

⑧ _____

⑨ _____

⑩ _____

⑪ _____

⑫ _____

⑬ _____

⑭ _____

⑮ _____

⑯ _____

⑰ _____

⑱ _____

⑲ _____

⑳ _____

>>>〔①〕,〔②〕
〔①〕は，製造過程の一部を請け負うこと。〔②〕は，商品売買，技術提供，融資，役員派遣などで大企業の傘下に入ること。

中小企業の現状

・中小企業…大企業の〔①　　　　　〕や〔②　　　　　〕企業として部品
　　　　　　の製造や加工をおこなうもののほか，あらゆる事業分野に存在
　中小企業の定義は業種ごとに異なる
　例）〔③　　　　　〕，その他：従業員300人以下，資本金3億円以下
・経済の〔④　　　　　〕
　　：中小企業は様々な面で大企業との間に格差が存在するという問題
　ⅰ）資金に余裕がない
　ⅱ）〔⑤　　　　　〕が低い
　ⅲ）賃金，労働時間，休暇日数などの〔⑥　　　　　〕が大企業に及
　　　ばない
・きびしい経営環境
　中小企業は規模が小さいため，円高や円安による価格変動の影響をうけやす
　い

これからの中小企業

・〔⑦　　　　　〕…高い専門性や技術力を発揮して成長
　環境・福祉分野…NPOやNGO，〔⑧　　　　　〕が活躍
・地域の特産品を生産する〔⑨　　　　　〕の振興も課題
・後継者不足に悩み，〔⑩　　　　　〕が進まずに存続が困難になる中小
　企業も多い

日本農業の現状

・農家数，農業就業人口ともに減少が続く
・1961年〔⑪　　　　　〕制定
　　　　　…大規模農家育成，米作中心からの転換をめざす
　　➡経営規模が小さいまま兼業化が進む
　　➡1999年〔⑫　　　　　〕（新農業基本法）
　　　　　とともに廃止
・〔⑬　　　　　〕で米の価格を規制，〔⑭　　　　　〕で生産調整
　➡1995年〔⑮　　　　　〕施行…米の価格と流通の原則自由化
・GATTの〔⑯　　　　　〕合意
　…米の輸入の関税による調整（〔⑰　　　　　〕）をはじめ，国内消費量
　　の一定割合を〔⑱　　　　　〕（最低輸入量）として
　　輸入することに合意

【食料安全保障】

・低い日本の食料自給率
　…「〔⑲　　　　　〕」参加にともないさらに低下するという声もある
・〔⑳　　　　　〕の観点から自給率向上を求める意見も

これからの農業

- 2009年 〔㉑　　　　　　　　〕改正…農地の集約化で大規模経営
- NPOや個人の参入…〔㉒　　　　　　　　〕化で収入の安定化
- 食の安全性，環境への負担を考慮する消費者
  …「〔㉓　　　　　　　　〕」運動の広がり

㉑＿＿＿＿＿＿＿＿＿

㉒＿＿＿＿＿＿＿＿＿

㉓＿＿＿＿＿＿＿＿＿

正誤問題　　次の文が正しい場合には○，誤っている場合には×を（　）に記入しなさい。

1．日本の中小企業は，大企業の下請けや系列企業として，部品の製造や加工をおこなうものも多く存在する。　　　　　　　　　　　　　　　　　　　　　　　　　　　　　　　　　　　（　　　）

2．日本の中小企業は大企業に比べ一般的に，生産性が高く，賃金・労働時間・休暇日数などの労働条件は及ばない場合が多いが，こうした状況を経済の二重構造という。　　　　　　　　（　　　）

3．社会的企業とは，公共性の高い事業をおこないつつ，利益を追求し，助成金に依存しない経営をめざす，純粋なNPOでもなく株式会社でもない新しい試みをいう。　　　　　　　　　　（　　　）

4．かつて農業基本法（旧）（1961年）で政府がめざした大規模農家の育成は，その後順調に成果を上げ，農家の経営規模は大きくなった。　　　　　　　　　　　　　　　　　　　　　　　（　　　）

5．GATT のウルグアイラウンドで農産物貿易の自由化が合意されたが，日本に関して，米の輸入は自由化から除外された。　　　　　　　　　　　　　　　　　　　　　　　　　　　　　（　　　）

Work　　①教科書p.88 資料②「日本経済における中小企業の地位」を参考に，文中の〔 ア 〕〜〔 ウ 〕にあてはまる数値を答えなさい。

中小企業は事業所数では全体の99.7％を，従業者数では68.8％を，製造業付加価値額では47.5％を占めるが，逆の見方をすると，事業所数わずか〔 ア　　　　 〕％の大企業が，従業者数の〔 イ　　　　 〕％，製造業付加価値額の〔 ウ　　　　 〕％を占めることになる。

②教科書p.88資料③「企業規模別の格差」を参考に，次の問いに答えなさい。

問1　グラフの傾向を読み取ったものとして，正しいものを①〜④から一つ選びなさい。

①　いずれの指数も，企業規模が小さくなるにつれて高くなる。

②　賃金の指数は，企業規模が小さくなるほど低くなる。

③　設備投資率の指数は，企業規模にかかわらずほぼ一定である。

④　生産性の指数は，企業規模による傾向は見られない。

問2　グラフで，従業員50〜99人の企業の賃金は，従業員1,000人以上の企業の賃金のおよそ何％か。10％単位で答えなさい。

およそ　　　　　　％

❸ 消費者問題

▶教科書 **p.90〜91**

ひろがる消費者問題

・現実の経済…企業が商品の品質や産地などの情報をもつ

　　∴　消費者は企業を信用して商品を購入せざるをえない

・〔①　　　　　　　　〕

　　　：消費者の判断を誤らせる〔②　　　　　　　　〕，商品の添加物・消費

　　　期限についての〔③　　　　　　　〕，〔④　　　　　　　〕商法・

　　　〔⑤　　　　　　〕請求などの悪質な行為

消費者行政

・「〔⑥　　　　　　　　　　〕」：安全を求める権利，知らされる権利，選ぶ権利，

　　　　　　　　　　　　　　　　意見が反映される権利

　　　1962年，アメリカの〔⑦　　　　　　　　　〕大統領が示す

・〔⑥〕を受け，日本で〔⑧　　　　　　　　〕の意識が高まり，

　〔⑨　　　　　　　　　　〕がさかんに

　　　：消費者の不利益や権利侵害を防止するための運動

　　　　　商品テスト，不買運動，行政への働きかけなど

　　　　　地産地消，産直運動，環境保護など

・1968年　〔⑩　　　　　　　　　　　　　　〕制定

　　　　　　　　⬇

　　2004年　〔⑪　　　　　　　　　　　　〕に改正

　　　　　　　…従来の〔⑫　　　　　　　　　　〕の姿勢から，

　　　　　　　　〔⑬　　　　　　　　　　　〕と自己責任を重視する姿勢に

　　　　　　　転換

・1968年　〔⑭　　　　　　　　　　　　〕設立

　　　　　　…消費者からの苦情や相談を受けつけ

・1995年　〔⑮　　　　　　　　　　　〕（ＰＬ法）施行

　　　　　　：消費者が欠陥製品による被害を受けた場合，企業側の過失を

　　　　　　証明できなくても，損害賠償を求められる

　　　　　　（〔⑯　　　　　　　　　〕）

　　　　　　欧米には〔⑰　　　　　　　　　〕があるが日本のPL制度に

　　　　　　はとりいれられていない

　　　　　　〔⑱　　　　　　　　　　　　〕制度

　　　　　　：一定期間内であれば無条件で契約を解除できる

・2001年　〔⑲　　　　　　　　　〕制定

　　　　　　：事業者の行為で消費者が誤認または困惑した場合，契約をと

　　　　　　りけすことができる

・2009年　〔⑳　　　　　　　　〕設置…消費者問題を包括的に扱う行政機関

①　　　　　　　　　　
②　　　　　　　　　　
③　　　　　　　　　　
④　　　　　　　　　　
⑤　　　　　　　　　　
⑥　　　　　　　　　　
⑦　　　　　　　　　　
⑧　　　　　　　　　　
⑨　　　　　　　　　　
⑩　　　　　　　　　　
⑪　　　　　　　　　　
⑫　　　　　　　　　　
⑬　　　　　　　　　　
⑭　　　　　　　　　　
⑮　　　　　　　　　　
⑯　　　　　　　　　　
⑰　　　　　　　　　　
⑱　　　　　　　　　　
⑲　　　　　　　　　　
⑳

契約の権利と責任 ●

㉑ _____

㉒ _____

㉓ _____

・〔⑲〕…消費者が事業者より不利な立場にあることが前提

　　　　　消費者に自立した契約主体となることを求める姿勢でもある

・〔㉑　　　　　　〕の自由とそれを誠実に実行する責任

　　…〔㉑〕をむすぶときは慎重に考える必要，

　　　自立した消費者になるための最初の条件

・〔㉒　　　　　　〕：十分な返済計画をたてぬまま借金をし，返済に困る

　　　　　　　　　　たびに借金をくりかえすこと

　　→〔㉓　　　　　　　〕にいたることがある

　改正貸金業法：年収の3分の1をこえる借入れを原則禁止

　　　　　　　　融資金利も年利15〜20％に制限

正誤問題 ⮕　　次の文が正しい場合には○，誤っている場合には×を（　）に記入しなさい。

１．2004年に改正された消費者基本法は，旧来の消費者保護基本法がとっていた消費者保護の姿勢を，そのまま受けついでいる。　　　　　　　　　　　　　　　　　　　　　　　　　　（　　　　）

２．製造物責任法（PL法）では，過失責任主義の立場をとり，欠陥製品で被害を受けた消費者が企業側の過失を証明できないと，損害賠償を求めることができない。　　　　　　　　　（　　　　）

３．2009年，消費者問題を包括的に扱う行政機関として，消費者庁が設置された。　　（　　　　）

Work　①次のA〜Cの法律の内容を，下の①〜③からそれぞれ選びなさい。

　A　消費者契約法　　　　B　製造物責任法　　　C　消費者基本法

①　2004年に，それまでの消費者保護基本法から改正された。従来の消費者保護の姿勢から，消費者の自立と自己責任を重視する姿勢に改めている。

②　1995年に施行されたこの法律によって，消費者は企業の過失を証明できなくても，欠陥製品による被害の損害賠償を求められるようになった。

③　2001年に施行された，消費者を不当な契約から守る目的で制定された法律。

A		B		C	

②教科書p.90〜91の本文及びp.91のなるほどQ&A「民法改正で契約のあり方はどうかわるの？」などを参考に，契約について説明した次の①〜④のうち，正しいものをすべて選びなさい。

①　ある商品を商店から購入する権利を口約束で結んだが，書面を交わしていないため，契約は成立していない。

②　成年であっても，20歳未満の場合は，契約に際して親の同意が必要になる。

③　2022年4月からの民法の改正によって，未成年者が親の同意なしに契約した場合，その契約を取り消すことができる未成年者取消権が18歳には適用されなくなった。

④　消費者を不当な契約から守る目的で制定された法律は消費者契約法である。

❹ 公害防止と環境保全　　　　　　　　　▶教科書 p.92〜93

① _____

② _____

③ _____

④ _____

⑤ _____

⑥ _____

⑦ _____

⑧ _____

⑨ _____

⑩ _____

⑪ _____

⑫ _____

⑬ _____

⑭ _____

⑮ _____

⑯ _____

経済成長と公害

・〔①　　　　　　　　　　〕事件

　　…明治時代の公害。足尾銅山の鉱毒による渡良瀬川の汚染に対し，

　　　〔②　　　　　　　　　　〕らが反対運動。公害の原点といわれる

・〔③　　　　　　　　〕

　　…高度経済成長期に，政府・企業が産業保護や利潤追求を優先させた

　　➡公害の発生

　　　〔④　　　　　　　〕，新潟〔④〕，〔⑤　　　　　　　　　　　〕，

　　　四日市ぜんそくなどがおき，1960年代後半に次々と訴訟へ

　　　➡いずれも〔⑥　　　　　〕患者側が勝訴

公害対策の展開

・公害反対の世論や住民運動の高まり

　➡ ｛〔⑦　　　　　　　　　　　　〕（1967年制定）など公害関係法を整備

　　　〔⑧　　　　　　　　〕を設置（1971年），公害行政の一本化をはかる

　　　➡2001年に省に格上げ

・地方公共団体…公害防止条例制定

　　環境基準の達成について

　　〔⑨　　　　　　　　〕：一定濃度以上の有害物質を排出させない規制

　　さらに〔⑩　　　　　　　〕も実施

　　　　　　：有害物質排出の総量への規制

・〔⑪　　　　　　　　〕：企業が，過失の有無に関係なく賠償責任を負う

　〔⑫　　　　　　　　　　〕（PPP）

　　　：公害の防止費用や救済費用は発生企業が負担

　〔⑬　　　　　　　　　〕（環境影響評価）　1997年法制化

　　　：公害による人命損失や自然環境破壊を未然にふせぐため，開発事業な

　　　　どの影響を事前に調査・予測し，住民等の意見を聞くなどして，開発

　　　　計画を修正・決定しようとする制度

公害対策から環境政策へ

・1980年代末から

　ⅰ）生活型公害の深刻化…自動車による大気汚染，廃棄物による環境汚染など

　ⅱ）地球規模の環境問題への注目…地球温暖化，オゾン層破壊など

　　　　2011年　東日本大震災に続く福島第一原子力発電所事故

　　　　　　　→土壌・海水・農産物などへの放射能汚染の懸念

・〔⑭　　　　　　　　　　〕（国連環境開発会議）

　　　…1992年に国連が開く。「〔⑮　　　　　　　　　　　〕」の原則提唱

・1993年　〔⑯　　　　　　　　〕制定…公害対策基本法にかわるもの

2000年 〔⑰　　　　　　　　　　　　　　　　　　〕成立
　　　　ⅰ）〔⑱　　　　　　　　　〕：廃棄物の発生をおさえる
　　　　ⅱ）〔⑲　　　　　　　　　〕：廃棄物の再利用
　　　　ⅲ）〔⑳　　　　　　　　　〕：廃棄物を原材料として再生利用
・廃棄物の排出量をゼロにする〔㉑　　　　　　　　　　　　〕工場，
　地域における資源循環型社会の構築をめざす〔㉒　　　　　　　　　　〕
・2015年　〔㉓　　　　　　　　　　　　　〕（SDGs）が国連で採択
　　　　　…2030年までの達成目標として，気候変動への対策や生態系
　　　　　の保護がかかげられる

⑰
⑱
⑲
⑳
㉑
㉒
㉓
㉔

┃ 一人ひとりの行動 ●

・一人ひとりの意識改革や行動が必要
　　…例）ごみの焼却によるダイオキシンの発生を抑える
・〔㉔　　　　　　　　　　　　　〕
　　　：日々の消費生活のなかで，環境への影響の少ない商品を選択すること

正誤問題　　　次の文が正しい場合には○，誤っている場合には×を（　）に記入しなさい。

１．典型的な７公害として，大気の汚染，水質の汚濁，土壌の汚染，騒音，振動，地盤の沈下および悪臭
　　をあげているのは，循環型社会形成推進基本法である。　　　　　　　　　　　　　　　（　　　　）
２．環境アセスメント（環境影響評価）は，公害による人命損失や自然環境破壊などの不可逆的な被害の
　　発生を未然にふせぐために提唱され，法制化されたものである。　　　　　　　　　　　（　　　　）
３．循環型社会形成推進基本法は，リデュース，リユース，リサイクルの３つの原則を採用し，循環型社
　　会を形成するために制定された。　　　　　　　　　　　　　　　　　　　　　　　　　（　　　　）

Work　　**1 教科書p.92資料2 「四大公害訴訟」を参考に，次の表を完成させなさい。**

公害	経緯
新潟〔①　　　　　　〕 （新潟県）	被告は「昭和電工」，原因は工場排水中の〔④　　　　　　　〕 1971年９月原告勝訴。
〔②　　　　　　　　〕 （三重県）	被告は「昭和四日市石油など６社」，原因は工場群から排出された亜硫酸ガス。1972年７月原告勝訴。
〔③　　　　　　　　〕 （富山県）	被告は「三井金属鉱業」，原因は亜鉛鉱山未処理排水中の 〔⑤　　　　　　　〕。第１審（1971年６月），第２審（1972年８月）とも原告勝訴。
熊本〔①　　　〕 （熊本県）	被告は「チッソ」，原因は工場排水中の〔④　　　　〕 1973年３月原告勝訴

2 教科書p.92資料1 「公害苦情件数の推移」をみて，1972年度と2020年度を比較した次の文章の〔ア〕・〔イ〕に適語を書きなさい。

水質汚染や大気汚染などの〔**ア**　　　　　　　　　〕は減ったが，〔**イ**　　　　　　　〕の公害が増えた。

❺ 労働問題と労働者の権利

▶教科書 **p.94～95**

① _____
② _____
③ _____
④ _____
⑤ _____
⑥ _____
⑦ _____
⑧ _____
⑨ _____
⑩ _____
⑪ _____
⑫ _____
⑬ _____
⑭ _____
⑮ _____
⑯ _____
⑰ _____
⑱ _____
⑲ _____
⑳ _____
㉑ _____
㉒ _____
㉓ _____

労働基本権の確立

・労働者の〔① 　　　　　　　 〕…憲法第27条

・労働者の労働三権…憲法第28条

　　ⅰ）〔② 　　　　　　 〕
　　ⅱ）〔③ 　　　　　　　 〕
　　ⅲ）〔④ 　　　　　　　 〕

　以上，〔①〕～〔④〕の権利が〔⑤ 　　　　　　　 〕として確立

労働三法

・ⅰ）〔⑥ 　　　　　　　　　 〕：労働者の適正な労働条件を守るため，

　　　　　　　　　　　　　〔⑦ 　　　　　　 〕を定める

　　　労働条件…賃金，労働時間，休日・休暇，解雇手続きなど

　　　労働基準監督機関として〔⑧ 　　　　　　　　　 〕の

　　　設置，違反に対する罰則規定など

　ⅱ）〔⑨ 　　　　　　　 〕

　　　　労働者が労働組合をつくり

　　　　使用者と対等の立場で〔⑩ 　　　　　 〕をおこない

　　　　労働条件などについて〔⑪ 　　　　　 〕をむすぶことを認める

　　　ストライキなどの争議行為は，正当であれば法的な責任を問われない

　　　使用者の労働組合に対する〔⑫ 　　　　　　 〕を禁止

　ⅲ）〔⑬ 　　　　　　 〕

　　　：労使間の紛争が自主的に解決できない場合，〔⑭ 　　　　　　 〕

　　　　が労働争議の調整をはかる

　　　　　〔⑮ 　　　　〕：斡旋員が労使紛争の自主的解決をうながす

　　　　　〔⑯ 　　　　〕：調停委員会が調停案を提示し，労使双方の受諾

　　　　　　　　　　　　　により紛争を解決する

　　　　　〔⑰ 　　　　〕：仲裁委員会が，拘束力のある仲裁裁定をおこなう

職場の人権

・1986年　〔⑱ 　　　　　　　　　　 〕施行

　　　　　　…〔⑲ 　　　 〕・採用・〔⑳ 　　 〕・定年など，

　　　　　　　労働条件のすべてにわたり〔㉑ 　　　　　 〕を禁止

　1997年　改正…〔㉒ 　　　　　　　　　　 〕の防止義務

　　　　　　　違反企業名の公表などの罰則義務をもりこむ

・1991年　育児休業法制定

　　　　　（1995年に〔㉓ 　　　　　　　　　 〕に改正）

　　　　　　…男女を問わず育児休業，介護休業を取得できるようになる

　2010年　改正…男性が育児休暇を取得しやすくする措置の設置

・外国人労働者の人権上の問題

　…労働条件などでの差別や，〔㉔　　　　　　　〕を利用して来日

　　した外国人の低賃金・長時間労働

　2018年　改正〔㉕　　　　　　　〕

　　　　　　…指定分野での新在留資格による外国人労働者の受け入れ拡大

㉔ _____

㉕ _____

正誤問題　　次の文が正しい場合には○，誤っている場合には×を（　）に記入しなさい。

１．労働組合が使用者と団体交渉をおこない，そこで妥結した内容についてたがいにむすぶものを労働契約という。　　　　　　　　　　　　　　　　　　　　　　　　　　　　　　　　　　（　　　）

２．使用者が理由なく団体交渉を拒否することは，労働組合法で不当労働行為として禁止された行為である。　　　　　　　　　　　　　　　　　　　　　　　　　　　　　　　　　　　　（　　　）

３．男女雇用機会均等法は1997年の改正で，セクシュアル・ハラスメントの防止は義務づけられたが，法律違反に対する罰則規定は定められなかった。　　　　　　　　　　　　　　　　（　　　）

４．1991年制定の育児休業法は，現在は改正されて育児・介護休業法となっている。　（　　　）

Work　教科書p.94〜95の側面および下段にある注や図表を参考に，A〜Dに当てはまる語句を答えなさい。

　A　公務員が法律により労働三権を制限されているかわりに，給与改善などの勧告を行う機関。

　B　労働者の地域ごとの最低賃金を定める法律。

　C　使用者が理由なく団体交渉を拒否することを労働組合法では何とよんでいるか。

　D　労働委員会を構成する委員は三者だが，使用者委員，労働者委員ともう一者は何委員か。

A		B		C		D	

✓Check　教科書p.95 資料❷「女性の年齢別労働力率の国際比較（上図）とジェンダーギャップ指数（下図）」　以下の各問いに答えなさい。

問1　上図について，日本だけに見られる傾向を読み取ってみよう。

問2　なぜ問1のような傾向になっているのか，下図や教科書p.101の資料４なども参考に説明してみよう。下の文章の〔ア〕〜〔ウ〕に適語を書きなさい。

　　　教科書p.101の資料をみると，日本では〔ア　　　　　〕に有償労働が集中する一方で，〔イ　　　　　〕に無償労働が集中している。こうしたことから日本では，仕事は〔ア〕のもの，家事や育児は〔イ〕のものという考え方があり，育児をするために〔イ〕が〔ウ　　　　　〕をとることが多いことが，教科書p.95の資料❷（上図）における女性の労働力率の一時低下につながっていると考えられる。

❻ こんにちの労働問題

▶教科書 **p.98〜99**

① _____

② _____

③ _____

④ _____

⑤ _____

⑥ _____

⑦ _____

⑧ _____

⑨ _____

⑩ _____

⑪ _____

⑫ _____

⑬ _____

⑭ _____

⑮ _____

⑯ _____

⑰ _____

日本的雇用形態

・欧米の雇用…専門の職種単位で雇用，人員を減らすときは解雇

・日本の雇用…職種を限定しない雇用，企業内教育で技能習得

　ⅰ）〔①　　　　　　　　〕：原則的に定年まで同じ企業に勤める

　ⅱ）〔②　　　　　　　　　〕：賃金は勤続年数に応じて決まる

　ⅲ）〔③　　　　　　　　　〕：労働組合は企業ごとに組織

雇用の流動化

・上のⅰ）〜ⅲ）をまとめて〔④　　　　　　　　　〕という

　┌ 欧米に比べ〔⑤　　　　　　〕な雇用と所得

　┤ 労働者は転職しにくい

　└ 企業にとって雇用調整しにくい

　→バブル崩壊後，〔④〕に変化がみられた

・〔⑥　　　　　　　　　〕やアルバイト，〔⑦　　　　　　　〕，
契約社員などは正社員と異なる条件での雇用（〔⑧　　　　　　　　〕）

　　〔⑧〕の割合…1990年代以降増加

・政府は〔⑨　　　　　　　　　〕改正…対象業務拡大

　➡2003年　〔⑩　　　　　　　〕への派遣も可能に改正

　➡〔⑧〕と正社員の〔⑪　　　　　　〕が問題に…低賃金や不安定な雇用など

　　〔⑫　　　　　　　　　　〕

　　　　…はたらいているのに，貧困に近い生活の社会層がうまれる

　　　→非正規雇用に対する規制再強化を求める声も

・中高年対象の〔⑬　　　　　　　　　　　〕の制度化も求められる

　2007年　改正雇用対策法制定

　　　　…募集・採用時の〔⑭　　　　　　　　〕を原則的に禁止

・高校・大学卒の新規就職など，雇用の安定化には法制度や企業努力など総合
的な取り組みが必要

　2008年　〔⑮　　　　　　　　　〕施行

　　　　…労働契約内容の明確化をはかる

　　　　　契約内容の一方的変更や懲戒解雇の濫用をふせぐなど

こんにちの労働環境

・労働基本権確立→日本の労働環境改善

・賃金水準…大幅に上昇。ただし，食費・住居費などの生活費が高い

・年間労働時間…ヨーロッパ諸国に比べ多い

　統計にあらわれにくい〔⑯　　　　　　　　　〕（不払残業）も多い

　過剰な労働時間による〔⑰　　　　　　　〕の問題

・2019年　〔⑱　　　　　　　　　　　　　　　〕施行

　　　　…残業時間の上限規制，有給休暇の取得義務化，同じ仕事に
　　　　同じ賃金を払う〔⑲　　　　　　　　　　　　　　〕の原則
　　　　などを定める

・〔⑳　　　　　　　　　　　　　　　　　　　〕

　　　：労働と生活の適正なバランス

⑱	
⑲	
⑳	

正誤問題　次の文が正しい場合には○，誤っている場合には×を（　）に記入しなさい。

１．一般に日本的雇用慣行としてあげられるのは，終身雇用制，年功序列型賃金，産業別労働組合の３つである。　　　　　　　　　　　　　　　　　　　　　　　　　　　　　　　　　　（　　）

２．パートタイマーやアルバイト，派遣社員，契約社員などは，正社員とは異なる条件で雇用されるという意味で非正規雇用とよばれる。　　　　　　　　　　　　　　　　　　　　　　（　　）

３．労働基本権の確立や労働運動の発展によって日本の労働環境は大きく改善し，賃金水準も大幅に上昇した。　　　　　　　　　　　　　　　　　　　　　　　　　　　　　　　　　　　　（　　）

４．ワーク・ライフ・バランスとは，仕事からの収入と生活にかかる費用のバランスがとれていることをいう。　　　　　　　　　　　　　　　　　　　　　　　　　　　　　　　　　　　　　（　　）

５．企業が１年間にうみだす付加価値のうち，人件費にまわる割合を労働分配率という。　　（　　）

Work　**１**教科書 p.98 資料**２**「賃金格差」をみて，次のグループを１か月あたりの賃金の高い順番に並べ替えなさい。

（男性正社員・正職員，男性その他，女性正社員・正職員，女性その他）

〔①　　　　　　　　　　　　　　〕

→〔②　　　　　　　　　　　　　　〕

　→〔③　　　　　　　　　　　　　　〕

　　→〔④　　　　　　　　　　　　　　〕

２教科書 p.98 資料**３**「おもな労働法制の動向」をみて，空欄に適切な語句を，右の語群から選び，記号で答えなさい。

			〈語群〉
労働基準法	〔①　　　〕	法定労働時間の枠内で1日の労働時間調整可能に	ア．裁量労働制
	〔②　　　〕	女性の時間外労働の上限，休日労働の禁止など廃止	イ．セクハラ
	〔③　　　〕	みなし労働時間制をホワイトカラーに適用拡大	ウ．女子保護規定撤廃
	時間外労働・年休	割増賃金率ひき上げ，年休の〔④　　　〕の取得可能に	エ．製造業
〔⑤　　　〕		個別の労働紛争に労働審判委員会が調停をおこなう制度の設立	オ．時間単位
労働者派遣法		2004年改正で〔⑥　　　〕への派遣解禁	カ．雇用ルール
労働契約法		労働条件変更，解雇など労使間の〔⑦　　　〕の明確化	キ．労働審判法
男女雇用機会均等法		違反企業名の公表，〔⑧　　　〕防止明記など	ク．変形労働時間制

❼ 社会保障の役割と課題

▶教科書 **p.102〜105**

①_____

②_____

③_____

④_____

⑤_____

⑥_____

⑦_____

⑧_____

⑨_____

⑩_____

⑪_____

⑫_____

⑬_____

⑭_____

⑮_____

⑯_____

⑰_____

⑱_____

⑲_____

⑳_____

社会保障制度の発展

・〔①　　　　　　　　　〕の基本的な考え方

　　…病気，事故，老齢などにそなえ，社会全体で助けあえるしくみを
　　ととのえる

・社会保障の歴史

　イギリス…〔②　　　　　　　　　〕（1601年）

　ドイツ…〔③　　　　　　　　　　〕による〔④　　　　　　　　　　〕

　　上記は国家による慈善・恩恵という性格

　アメリカ…社会保障法（1935年）

　イギリス…〔⑤　　　　　　　　　　〕提唱の社会保障計画（1942年）

　　最低限度の生活水準（ナショナル・ミニマム）の保障めざす

　　「〔⑥　　　　　　　　　　　　　〕」の社会保障制度開始

　　20世紀の福祉国家のあり方を示すものとして注目された

日本の社会保障制度

・社会保障制度の型

　〔⑦　　　　　　　　　　〕型

　　：〔⑧　　　　　　〕が財源，スウェーデンなど，公的扶助中心，全国民
　　に単一の制度を適用

　〔⑨　　　　　　　　　　〕型

　　：保険料が財源，フランス・ドイツなど，〔⑩　　　　　　　〕中心，
　　職業や所得階層により適用される制度が異なる

・日本の社会保障制度

　ⅰ）〔⑩〕：疾病にそなえる〔⑪　　　　　　　〕，

　　　　　老齢にそなえる〔⑫　　　　　　　〕，

　　　　　失業にそなえる〔⑬　　　　　　　〕，

　　　　　労働災害にそなえる〔⑭　　　　　　〕，

　　　　　介護にそなえる〔⑮　　　　　　　〕の5種類

　ⅱ）〔⑯　　　　　　　〕（〔⑰　　　　　　〕とほぼ同義）

　　　：生活に困窮している人々が対象，憲法第25条の生存権を保障

　ⅲ）〔⑱　　　　　　　〕

　　　：生活に不安をかかえる児童・高齢者・母子家庭・障がい者などに，
　　　おもに非金銭的な支援をおこなう。福祉六法に内容が示される

　ⅳ）〔⑲　　　　　　　〕

　　　：国民の健康の維持・増進のための感染症予防からし尿処理まで，
　　　保健所が実施機関

　→ⅱ）〜ⅳ）の費用は〔⑳　　　　　　〕でまかなわれる

日本の社会保障制度の問題点

・ⅰ）社会保障関係予算の不足

　　…少子高齢化を背景に費用は増加するが，財政状況は悪化

　ⅱ）年金制度の維持に対する不安

　　…日本は世代間扶養の考え方にもとづく〔㉑　　　　　　〕が基本

　　　負担の公平化をはかりつつ安心できる制度設計が必要

　ⅲ）年金や健康保険について制度間格差をなくす必要

　ⅳ）社会福祉，高齢者の介護サービスの充実

　　…〔㉒　　　　　　〕制度（2000年）

　　　ホームヘルパー，〔㉓　　　　　　　　〕や

　　　〔㉔　　　　　　　　　〕の施設と人員の不足

・子育てや教育にかかる経済的負担の社会的共有の必要性

福祉社会をめざして

・〔㉕　　　　　　　　　　　　〕

　　：高齢者も障がいをもった人も，ともに社会のなかで同じように生活を

　　　送ることができること

　〔㉖　　　　　　　　　〕

　　：建物，交通機関，就職条件などで可能なかぎり障壁をなくすこと

　〔㉗　　　　　　　　　　〕

　　：すべての人が使いやすいように設計されたデザイン

　〔㉘　　　　　　　　　　〕の充実も必要

　　…不意の失職が生活の破たんに直結しないように

・福祉社会のあり方

　〔㉙　　　　〕：自己責任を重視する考え方

　〔㉚　　　　〕：公的な政策を重視する考え方

　〔㉛　　　　〕：自発的な助け合いやしくみづくりを重視する考え方

㉑	
㉒	
㉓	
㉔	
㉕	
㉖	
㉗	
㉘	
㉙	
㉚	
㉛	

正誤問題　次の文が正しい場合には○，誤っている場合には×を（　）に記入しなさい。

1．日本の社会保険は，生命保険，年金保険，雇用保険，労災保険，介護保険という5種類の公的保険で構成されている。　　　　　　　　　　　　　　　　　　　　　　　　　　　（　　　　）

2．賦課方式とは，将来の年金を自分自身で積み立てていく方式である。　　　　（　　　　）

✓Check　教科書p.102資料2「社会保障の国際比較」を教科書p.105資料3「社会保障給付費（社会支出）の国際比較」と比較しながら，日本の社会保障の特徴を読み取ってみよう。次の文章の〔ア〕〜〔ウ〕に適語を書きなさい。

　日本の社会保障制度は租税を財源の中心とするイギリス・北欧型と，社会保険料を財源の中心とするヨーロッパ大陸型の〔**ア**　　　　　〕であり，日本の社会保障給付の割合をみると，医療・年金といった〔**イ**　　　　〕向けのものが多く，家族政策などの人生〔**ウ**　　　　　〕に関わる社会保障給付の割合が少ない。

第1章　現代国家と民主政治	▶教科書 **p.8～16**

❶市民階級が絶対王政を倒し，みずから権力をにぎった革命。　❶

❷『統治二論』を著し，社会契約説の立場から，自然権を確実に保障するために国家・政府が組織されるとしたイギリスの思想家。　❷

❸政府が社会契約に反した場合に，政府を変更する権利。　❸

❹政府とは，自然権を確実に保障するため人々がむすぶ契約により組織されるものであると主張し，市民革命を理論的にささえた考え方。　❹

❺国家権力も侵すことのできない人間にとって最も基本的な権利。　❺

❻13世紀イギリスで成立した，法の支配の原理の原型となった文書。　❻

❼権力者の思うままの政治（人の支配）を排し，すべての人々が従う普遍的なルールによって，政治をおこなおうとする原理。　❼

❽英米うまれの法の支配と異なり，ドイツで発展した，国家権力の行使は法律にもとづかなければならないとする，形式重視の考え方。　❽

❾近代民主政治の基本原理を記した憲法に従って，政治をおこなうべきとする考え方。　❾

❿基本的人権の尊重と国民主権という2つの原理にもとづいておこなわれる政治。　❿

⓫「人民の，人民による，人民のための政治」と，民主政治の原理を簡潔に表現したアメリカ大統領。　⓫

⓬すべての成人に参政権を保障する選挙制度。　⓬

⓭古代ギリシアの都市国家のように，市民が直接投票し，決定をおこなう政治制度。　⓭

⓮国民のなかから代表を選んで議会を組織し，議会が意思決定をおこなうという形で，国民が間接的に主権を行使する政治制度。　⓮

⓯多数者の意見がつねに正しいとはかぎらないため，少数者の意見をくんで，十分な討論や説得により合意をつくろうと努力することなど。　⓯

⓰内閣が国民の代表である議会の信任にもとづいて成立する制度。　⓰

⓱二大政党制の国であるイギリスで，野党が政権獲得にそなえる組織。　⓱

⓲アメリカ合衆国のように，行政府の長のリーダーシップを重視する政治制度。　⓲

⓳アメリカ大統領が，議会にみずからの政策を示すために送る文書。　⓳

⓴民主的権力集中制度をとる中国において年1回開催される最高機関。　⓴

重要用語を確認 ▷

□影の内閣（シャドーキャビネット）　□議院内閣制　□議会制民主主義（間接民主制）

□基本的人権　□教書　□市民革命　□社会契約説　□少数意見の尊重　□全国人民代表大会

□大統領制　□直接民主制　□抵抗権（革命権）　□普通選挙制　□法治主義　□法の支配

□マグナ・カルタ　□民主政治（民主主義）　□立憲主義　□リンカーン　□ロック

❶1889（明治22）年に制定された，わが国最初の近代憲法。　　　❶

❷連合国軍総司令部が，日本政府のまとめた松本案を拒否して示した憲法改正案。　❷

❸国民主権となった日本国憲法下での天皇制のこと。　　　　　　❸

❹国家権力の不当な干渉を受けずに，自由に行動できることが保障される基本的な権利。　❹

❺個人や集団がおこなう精神活動をさまざまな手段によって表現する自由。　❺

❻奴隷的な拘束を受けたり苦役を強制されたりせず，恣意的な刑罰を受けない自由。　❻

❼人間は誰でも政治的・経済的・社会的にひとしい扱いを受けるという基本的な権利。　❼

❽生存権や教育を受ける権利など，自由権に対して，人間らしい生活を保障することを内容とした権利。　❽

❾国家によって保障されている，国民が健康で文化的な最低限度の生活をする権利。　❾

❿勤労権や労働三権など，使用者に対して弱い立場にたつ労働者を守るための基本的な権利。　❿

⓫主権者である国民が政治に参加する権利。　　　　　　　　　⓫

⓬きれいな水や空気，あるいは十分な日照や静けさなどの，人間らしい生活環境の保障を要求する権利。　⓬

⓭個人情報を，国・地方公共団体・企業や他人によってみだりに公開されたり，不正に利用されたりしない権利。　⓭

⓮一般国民が国や地方公共団体に情報の公開を求める権利。　⓮

⓯憲法において基本的人権を制限する理由となりうる人権相互の調整をはかるための原理。　⓯

⓰日本国憲法の原則の1つで，恒久の平和を念願する立場。　⓰

⓱自衛隊の最高指揮監督権をもつ内閣総理大臣や防衛大臣には，職業軍人はなれないこと。　⓱

⓲1992年に成立し，平和維持活動への参加を規定した法律。　⓲

⓳1971年に国会で決議された，核兵器に対する「もたず，つくらず，もちこませず」という日本政府の方針。　⓳

⓴自国と密接な関係をもつ同盟国への武力攻撃に対して，協力して防衛行動をとる権利。　⓴

㉑2015年に制定された，国連決議等にもとづき軍事行動をおこなう外国軍に対して，自衛隊が海外で後方支援をおこなうことを認めた法律。　㉑

㉒武力攻撃事態法や国民保護法など，緊急事態に対処するために整備された法制。　㉒

┌─────────┐
│ **重要用語を** │▷　□環境権　□公共の福祉　□参政権　□国際平和支援法　□社会権　□自由権
│ **確認** │
└─────────┘
　　　　　　　□集団的自衛権　□象徴天皇制　□知る権利　□人身の自由　□生存権

　　　　　　　□大日本帝国憲法（明治憲法）　□PKO（国連平和維持活動）協力法　□非核三原則

　　　　　　　□表現の自由　□平等権　□プライバシーの権利　□文民統制　□平和主義

　　　　　　　□マッカーサー草案　□有事法制　□労働基本権

| 第3章　日本の政治制度と政治参加 | ▶教科書 **p.40～55** |

❶権力の濫用をふせぎ，国民の権利を守るために，国家権力を立法権，行政権，司法権の3つにわけること。　❶

❷両院の議決が異なったとき，国会の意思決定を円滑におこなうために，民意がよりよく反映される衆議院の議決を国会の意思とすること。　❷

❸国会がもつ，国政全般に対して調査をおこなう権限。　❸

❹議会の信任にもとづいて内閣が組織され，内閣が国会に対して責任を負う制度。　❹

❺高級官僚などが退職後に政府系機関や大企業の役員に再就職すること。　❺

❻公正取引委員会など，一般の行政機関から独立して職権を行使する合議制の機関。　❻

❼裁判は政治的な圧力や干渉を受けずに，法にもとづいて公正におこなわなければならないとする原則。　❼

❽法律や命令などの国家の行為が，憲法に違反していないかどうかを審査する権限。　❽

❾国民の信託に違反するような行為をおこなった裁判官を罷免することができる，国会に設置される裁判所。　❾

❿司法制度改革の一環として2009年から導入されていて，市民も参加する刑事裁判の制度。　❿

⓫地方公共団体が法律の範囲内で制定できるもの。　⓫

⓬政治的な機能をできるだけ地方に分散させて，地方住民の意思を生かした政治をおこなうという考え方。1999年に一括法が成立した。　⓬

⓭本来は国の事務だが，地方公共団体が法律で国に委任されておこなう，旅券の発給などの事務のこと。　⓭

⓮住民が，条例の制定・改廃を求めたり，議会の議員や長などの解職を求めたりできる，地方自治法で認められた権利。　⓮

⓯政党が国民の支持を受けて多様な意見を反映させていく政治。　⓯

⓰1994年から衆議院議員選挙に導入された，小選挙区制と比例代表制を組み合わせた選挙制度。　⓰

⓱資金力や組織力を用いて議会や官庁に圧力をかけ，自分たちの利益を促進しようとする集団。　⓱

⓲選挙にさいし，その動向が注目される，特定の支持政党をもたない人々のこと。　⓲

⓳営利を目的としない，福祉や環境保全，国際協力などの社会貢献活動をおこなう団体のこと。　⓳

重要用語を確認 ▶

□圧力団体　□天下り　□違憲審査権　□NPO　□議院内閣制　□行政委員会
□国政調査権　□裁判員制度　□三権分立　□司法権の独立　□衆議院の優越
□小選挙区比例代表並立制　□条例　□政党政治　□弾劾裁判所　□地方分権
□直接請求権　□法定受託事務　□無党派層

第1章　現代の経済社会	▶教科書 **p.56〜80**

❶食べ物や着るものなど形のある生産物。　❶ _____

❷市場経済ともよばれる経済システムで，生産手段の私有化などを特徴とするもの。　❷ _____

❸資本主義経済の特徴の一つで，個人や企業による利益追求を原動力に経済が営まれること。　❸ _____

❹資本主義経済の特徴の一つで，生産手段をもたない労働者が，みずからの労働力を売って賃金を得ざるをえないという状況。　❹ _____

❺道具から機械への労働手段の変革により，機械設備による大工場を成立させ，資本主義的生産を確立した技術的・経済的変革。　❺ _____

❻市場経済において，市場での自由競争により経済が調整され，結果的に社会の富が増えてゆく過程を，イギリスの経済学者が表現したもの。　❻ _____

❼「❻」を発見し表現した，イギリスの経済学者。　❼ _____

❽1929年，ニューヨーク株式市場における株価大暴落をきっかけにはじまり，その後世界に深刻な不況をもたらした恐慌。　❽ _____

❾1930年代に，アメリカ大統領ローズベルトが実施した不況対策。　❾ _____

❿それまでの自由放任主義を改め，政府の政策的介入による景気と雇用の安定化を主張したイギリスの経済学者。　❿ _____

⓫貨幣支出をともなう（購買力のある）需要で，❿の経済学の重要な用語。　⓫ _____

⓬❿が政府の経済への介入を主張して，これまでの自由放任主義という考え方を修正したことから名づけられた，❿の考え方（主義）。　⓬ _____

⓭政府の経済活動が，民間経済と併存しつつ，一定の比重を占めるようになった第二次世界大戦後の経済体制。　⓭ _____

⓮経済政策や社会保障の充実をめざし，財政規模が大きくなった政府。　⓮ _____

⓯民営化や社会保障の削減により財政規模を縮小し，私企業中心に経済の活性化を唱える考え方。　⓯ _____

⓰⓯が求める，財政規模が縮小した政府。　⓰ _____

⓱アメリカの経済学者で，マネタリズムを唱えケインズ政策を批判した。　⓱ _____

⓲利潤追求を原則として認めず，生産手段の共有化や計画経済を特徴とする経済システム。　⓲ _____

⓳貧富の格差や恐慌に資本主義の矛盾をみいだし，これにかわるものとして社会主義を提唱したドイツの思想家。　⓳ _____

⓴ヒト，モノ，カネが国境をこえ世界中をかけめぐる，という時代の傾向。　⓴ _____

㉑商品価格の変動を通じて需要と供給を調整し，均衡価格を導く市場のもつ性質。　㉑ _____

㉒価格カルテルなどを，競争を排除する不公正取引として禁止する法律。　㉒ _____

㉓管理価格により価格競争が回避される時，広告・宣伝・サービスなどの面でおこなわれる競争。　㉓ _____

㉔オーストリアの経済学者シュンペーターが，競争がもたらす経済発展の原動力と意義づけた革新のこと。技術革新と訳される。　㉔ _____

第1章　現代の経済社会

㉕所得の不平等，公共財の供給，公害などのように，市場メカニズムによる解決が期待できないこと。　　　　　　　　　　　　　　　　　　　　　　　　　　　　㉕＿＿＿＿＿＿＿＿＿＿

㉖株式会社のもとでは出資者が会社の経営を直接せず，専門の経営者に委託すること。　　　　　　　　　　　　　　　　　　　　　　　　　　　　　　　　　　　　　　　㉖＿＿＿＿＿＿＿＿＿＿

㉗企業統治と訳され，経営者の行動を管理・監督すること。　　　　　　　　　　　　　㉗＿＿＿＿＿＿＿＿＿＿

㉘合併と買収で他企業を支配すること。　　　　　　　　　　　　　　　　　　　　　　㉘＿＿＿＿＿＿＿＿＿＿

㉙国内総生産と訳される，1年間に国内で生産された付加価値の合計。　　　　　　　　㉙＿＿＿＿＿＿＿＿＿＿

㉚国民総所得と訳される，日本の国民や企業が国内外でうみだした付加価値の合計。　　㉚＿＿＿＿＿＿＿＿＿＿

㉛GDPの1年間の増加率。　　　　　　　　　　　　　　　　　　　　　　　　　　　　㉛＿＿＿＿＿＿＿＿＿＿

㉜物価が持続的に上昇する現象。　　　　　　　　　　　　　　　　　　　　　　　　　㉜＿＿＿＿＿＿＿＿＿＿

㉝資本主義経済が，好況・景気後退・不況・景気回復をくりかえし変動すること。　　　㉝＿＿＿＿＿＿＿＿＿＿

㉞金融部門から供給される社会全体の通貨量。　　　　　　　　　　　　　　　　　　　㉞＿＿＿＿＿＿＿＿＿＿

㉟企業が株式や社債を発行し，個人や企業から直接に資金調達すること。　　　　　　　㉟＿＿＿＿＿＿＿＿＿＿

㊱不換紙幣が流通し，その供給量は中央銀行が政策的に調整する現在の通貨制度。　　　㊱＿＿＿＿＿＿＿＿＿＿

㊲日銀が民間の金融機関に国債などを売買して通貨供給量を調整し，景気安定化をはかろうとする操作。　　　　　　　　　　　　　　　　　　　　　　　　　　　　　　　㊲＿＿＿＿＿＿＿＿＿＿

㊳道路や公園，警察・消防のサービスなど，財政活動で供給される財。　　　　　　　　㊳＿＿＿＿＿＿＿＿＿＿

㊴所得が高くなるにつれ，税率が高くなる税制度。　　　　　　　　　　　　　　　　　㊴＿＿＿＿＿＿＿＿＿＿

㊵景気の安定化のため，政府の財政政策と，中央銀行の金融政策を適切に組み合わせること。　　　　　　　　　　　　　　　　　　　　　　　　　　　　　　　　　　　　㊵＿＿＿＿＿＿＿＿＿＿

㊶税金の納入者と，実際の負担者が一致しない税。　　　　　　　　　　　　　　　　　㊶＿＿＿＿＿＿＿＿＿＿

㊷歳入に占める国債の割合。　　　　　　　　　　　　　　　　　　　　　　　　　　　㊷＿＿＿＿＿＿＿＿＿＿

㊸歳入・歳出のうち，公債（国債）にかかわる部分をのぞいた収支。　　　　　　　　　㊸＿＿＿＿＿＿＿＿＿＿

重要用語を確認

□GDP　□GNI　□M&A　□アダム＝スミス　□イノベーション　□インフレーション　□大きな政府　□間接税　□管理通貨制度　□グローバリゼーション　□景気変動　□経済成長率　□ケインズ　□公開市場操作（オープン・マーケット・オペレーション）　□公共財　□国債依存度　□コーポレート・ガバナンス　□混合経済　□財　□産業革命　□市場の失敗　□市場メカニズム（市場の自動調整作用）　□資本主義経済　□社会主義経済　□修正資本主義　□所有と経営の分離　□新自由主義　□世界恐慌　□小さな政府　□直接金融　□独占禁止法　□ニューディール政策　□非価格競争　□プライマリーバランス　□フリードマン　□ポリシー・ミックス　□マネーストック　□マルクス　□見えざる手　□有効需要　□利潤追求の自由　□累進課税制度　□労働力の商品化

❶第二次大戦後の日本で，鉄鋼・石炭など基幹産業から重点的に生産回復をはかった戦後復興の方式。　❶

❷1950年代後半から1970年代初頭までの，年平均10％の高い成長率を実現した日本の経済発展。　❷

❸1980年代末の日本で，資産価格が経済の実態をはなれて上昇し続けた景気の状況。　❸

❹企業がおこなう組織再編のことで，人員整理を意味する場合も多い。　❹

❺大企業と中小企業の間で，資金力・生産性・労働条件などの格差がある状況。　❺

❻高い専門性や技術力を発揮して，成長を続ける中小企業。　❻

❼農業基本法にかわり，1999年に，自給率向上，農村の振興，企業の農業経営への参加などを定めた基本法。　❼

❽農産物の生産だけでなく，それを商品に加工し，販売もおこなう事業。　❽

❾消費者の「4つの権利」を示したアメリカの大統領。　❾

❿欠陥製品による被害の損害賠償を，無過失責任とした1995年の法律。　❿

⓫2001年に施行された，消費者を不当な契約から守るための法律。　⓫

⓬消費者問題を包括的に扱うために2009年に設置された行政機関。　⓬

⓭公害の防止費用や救済費用は，発生企業が負担するという原則。　⓭

⓮環境に重大な影響を及ぼす開発事業について，その影響を事前に調査・予測し，住民などの意見もふまえて開発計画を修正・決定する制度。　⓮

⓯廃棄物の排出量をゼロにする工場や，地域における資源循環型社会の構築をめざす事業。　⓯

⓰2015年に国連で採択された，2030年までの達成目標。貧困の撲滅やジェンダー平等などとともに，気候変動への対策などが掲げられている。　⓰

⓱労働基準法・労働組合法・労働関係調整法の三法の総称。　⓱

⓲組合活動を理由とする解雇や理由のない団交拒否など，使用者による労働組合への妨害活動。　⓲

⓳パートタイマーやアルバイト，派遣社員など，正規の職員・従業員とは異なる労働条件での雇用。　⓳

⓴雇用・採用・昇進など労働条件のすべてで男女差別を禁止している法律。　⓴

㉑イギリスで「ゆりかごから墓場まで」の社会保障を開始させた報告書。　㉑

㉒すべての国民が，何らかの健康保険と年金保険に加入している状態。　㉒

㉓高齢者も障がいをもった人も，ともに社会のなかで生活できるようにすべきとする社会保障の考え方。　㉓

重要用語を確認 ▷
　□エコタウン事業　□汚染者負担の原則（PPP）　□環境アセスメント（環境影響評価）
　□経済の二重構造　□傾斜生産方式　□ケネディ　□高度経済成長　□国民皆保険・皆年金
　□持続可能な開発目標（SDGs）　□消費者契約法　□消費者庁
　□食料・農業・農村基本法（新農業基本法）　□製造物責任法（PL法）
　□男女雇用機会均等法　□ノーマライゼーション　□バブル景気　□非正規雇用
　□不当労働行為　□ベバリッジ報告　□ベンチャー企業　□リストラクチャリング
　□労働三法　□6次産業

❶ 持続可能な地域社会のあり方を考える

教科書▶ **p.110**

✓ 振り返りチェック

1．教科書 p.47 時事コラム「地方がかかえる問題」を参考にして，次の文章のうち正しいものを1つ選びなさい。

ア．国の管理下で財政再建計画を進める「財政再生団体」に該当する自治体は存在しない。

イ．急激な過疎化・高齢化の結果，65歳以上の高齢者が住民の過半数を占める限界集落があらわれたが，その数は1,000集落に満たない。

ウ．人口が減少した地域では，地方経済への影響だけでなく，防災力を弱めるという問題もある。

〔　　　　〕

2．教科書 p.48〜49 Skill UP「資料から考える一極集中」の各資料のうち，次の各文の内容を説明しているものを選び，資料番号で答えなさい。

① 資本金10億円以上の企業の過半数が東京圏にある。　　　　　　　　　　〔　　　　〕

② 地方から流出した人口のほとんどが東京圏に移動し，一極集中となっている。　〔　　　　〕

③ 都市規模が大きくなればなるほど，高齢化が進む傾向がある。　　　　　　〔　　　　〕

④ 人口規模が大きい自治体ほど，財源に余裕があるといえる。　　　　　　　〔　　　　〕

☞確認しよう 教科書 p.110「ニュータウンの歴史」を参考にして，ニュータウンの課題や，課題の解決に向けた取り組みとして正しいものには〇を，誤っているものには×を〔　〕に記入しなさい。

ア．人口の増加が止まらず，街の過密化が生じている。　　　　　　　　　　〔　　　　〕

イ．住民の高齢化や居住者の減少による空き家の問題が生じている。　　　　〔　　　　〕

ウ．効率的に課題を解決するために，地方自治体のみが取り組みを行っている。〔　　　　〕

エ．地方自治体がNPO，大学，企業などと連携し，さまざまな角度から取り組みを行う。〔　　　　〕

TRY ❶あなたの住む地域の政治的な課題と経済的な課題と，その解決に向けた取り組みを調べてまとめてみよう。

政治的な課題	経済的な課題
解決に向けた取り組み	解決に向けた取り組み

❷課題解決に向けた「自分ならではの施策や取り組み」を考え，自分の言葉でまとめてみよう。

❷ 地域における防災を考える

✓ **振り返りチェック**

教科書p.47〜49の内容を参考にして，地域の防災力の低下の原因となっているものを次のア〜エの中からすべて選びなさい。

　ア．人口減少　　イ．住民運動の増加　　ウ．地方創生のための各種取り組み　　エ．高齢化

〔　　　　　〕

☞ **確認しよう**　教科書p.111の内容を参考にして，次の文章のうち，正しいものを選びなさい。

　ア．行財政のスリム化によって効率的な防災が可能になり，地域の防災力も高まった。

　イ．地域の防災力は人口に比例するので，大都市圏は災害に特に強いといえる。

　ウ．公共サービスの提供を行政だけではなく，市民相互の協力で分担しようという考え方が高まっている。

　エ．有効な防災のためには住民の協力が必要だが，住民の合意形成までは必要ない。

〔　　　　　〕

TRY ❶あなたの住む地域で生じ得る自然災害について調べ，まとめてみよう。

どのような自然災害が生じ得るか	どのような影響があるか	対策はあるだろうか

❷ある防災計画をめぐる意見対立について，行政・住民側の双方が納得しうる案を考えてみよう。

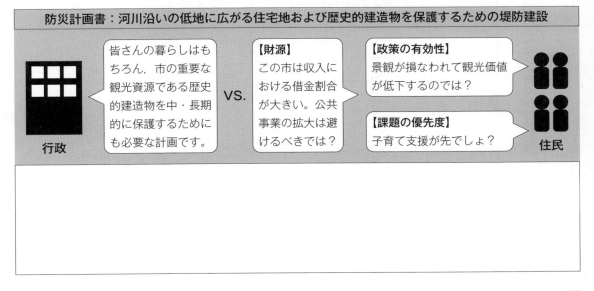

防災計画書：河川沿いの低地に広がる住宅地および歴史的建造物を保護するための堤防建設

行政：皆さんの暮らしはもちろん，市の重要な観光資源である歴史的建造物を中・長期的に保護するためにも必要な計画です。

VS.

【財源】この市は収入における借金割合が大きい。公共事業の拡大は避けるべきでは？

【政策の有効性】景観が損なわれて観光価値が低下するのでは？

【課題の優先度】子育て支援が先でしょ？

住民

❸ 財政健全化を考える

☑振り返りチェック

1. 教科書 p.82〜83 Skill UP「資料から考える財政」の資料を読み取り，次の各問いに答えなさい。

問1. 次の各文の内容の根拠として用いることができる資料を，教科書 p.82 の資料 1 〜 4 から1つずつ選び，資料の番号を書きなさい。

ア．都道府県の財政構造はかなり異なっており，国からの援助を受けていないか，援助の割合が少ない都府県がある一方で，国からの援助に大幅に依存している県もある。　　　　資料〔　　　〕

イ．歳入に占める社会保障関係費の増加傾向は，年金や医療といった高齢者向けの費用が増加しているためである。　　　　資料〔　　　〕

ウ．今後10数年の間に，社会資本の維持・更新のための費用が増大する可能性がある。

資料〔　　　〕

エ．歳出が税収ではまかないきれていない。　　　　資料〔　　　〕

問2. 教科書p.83の資料を参考にして，次の文章のうち正しいものを1つ選びなさい。

ア．所得税は，所得が多くなるほど税率が高くなる累進課税制度を採用しているため，金融所得の割合が大きい階層の負担率は高くなる。

イ．消費税は，景気の変動の影響を受けにくく税収が安定するので，歳出の財源確保の手段として，導入以来3度の増税が行われている。

ウ．法人税は，景気の変動の影響を受けやすく，不況時には税収が落ち込むため，これまでたびたび税率の引き上げが行われてきた。

〔　　　〕

2. 教科書p.86の内容を参考にして，日本経済が直面する課題を整理してみよう。

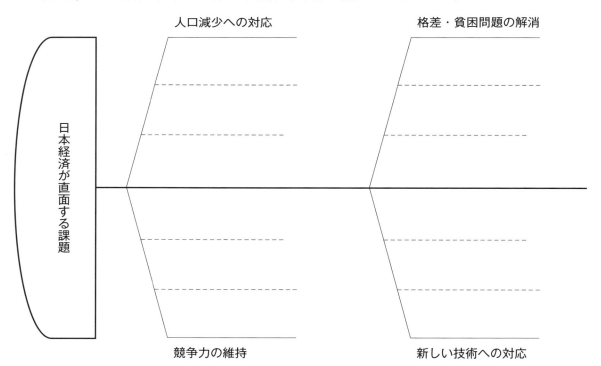

☞確認しよう

1．教科書p78～83の内容も踏まえて，日本とドイツの税制改革の共通点と相違点を整理してみよう。

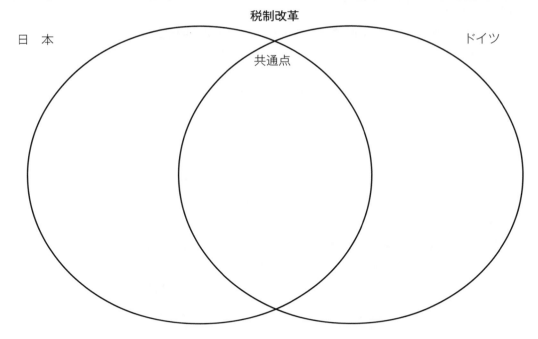

税制改革

日　本　　　　　　　　　　　　　　　　　　　　ドイツ

共通点

TRY ここまでの内容を振り返りながら，今後の日本における税制改革のあり方を考えてみよう。

自分の考え	隣の人の考え

意見交換をして気づいたこと

意見交換をふまえた修正案

④ 起業を考える

✓ 振り返りチェック

1. 教科書 p.88の内容を参考に，中小企業に関する次の語句の説明として正しいものを，下の①〜③から選び記号で答えなさい。

ア．経済の二重構造 〔　　　〕　　　　　イ．ベンチャー企業 〔　　　〕

ウ．地場産業 〔　　　〕

① 技術，アイディア，企画力などを有力な手段として，ハイテクやICT，商業やサービスの分野などで活動している企業。

② 多くの中小企業が，賃金，労働時間，休暇日数などの労働条件でみても大企業に及ばない問題。

③ 地域の特性や伝統を生かした特産品を生産する産業。

2. 教科書p.88の内容や資料を参考にして，次の文章のうち正しいものを1つ選びなさい。

ア．中小企業は，厳しい経営環境から年々倒産件数が増加している。

イ．中小企業の中には，後継者不足に悩む企業もあり，事業承継が進まずに存続が困難になる場合も多い。

ウ．中小企業は，大企業の下請けや系列企業となる場合が多く，景気変動の影響を受けにくい。

エ．中小企業は日本の企業数の99％以上を占めているため，各業種における付加価値額も8割以上を占めている。

〔　　　〕

☞ 確認しよう

1. 次の文章を参考に，起業の流れの一例を表した下の図の〔 ア 〕〜〔 ウ 〕に当てはまる語句を語群から選び，記号で答えなさい。

　起業は，日常生活の中からのアイディアの発見が第一歩となる。発見したアイディアがビジネスとして実現可能かどうかを検証し，事業目的（コンセプト）をまとめる。事業目的の実現のためには，事業計画書を作成する必要があるが，外部の協力者や資金提供者の理解や協力を得るためにも欠かせない。実際に企業を設立するためには，目的や会社の名前である商号などの基本的事項を定款として定め，公証人の認証を受ける必要がある。認証された定款などを法務局に提出し，あわせて各諸官庁への届け出を行う。

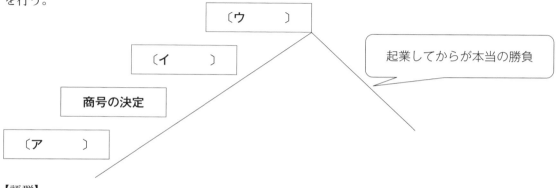

〔ウ　　　〕

〔イ　　　〕

商号の決定

〔ア　　　〕

起業してからが本当の勝負

【語群】

　a．設立登記・届出　　b．経営理念の作成　　c．定款の作成・認証

2. 起業のための支援策には，起業のプロセスに応じて，①起業を志す人を増やすための起業家教育，②実際に起業を思い立った人たちをサポートするものに分けることができる。次のア〜エの支援策のうち，②にあてはまるものをすべて選び記号で答えなさい。

ア．様々な事業シーズをもつ人々との出会いの場の提供

イ．適切な助言をしたりする人材とのマッチング

ウ．地域の商工会議所や高等学校での，アントレプレナーシップ講座の開催

エ．新規の起業家に出資をするベンチャーキャピタルの供給

TRY ❶ここまでの内容を振り返りながら，自分ならではの起業支援策を考え，まとめてみよう。

起業支援策

❷隣の人と意見を交換して，支援策を修正・改善しよう。

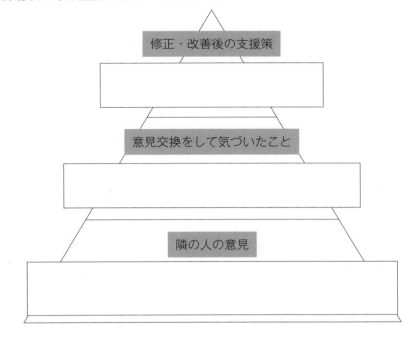

修正・改善後の支援策

意見交換をして気づいたこと

隣の人の意見

☑ **振り返りチェック**

1．教科書p.89「日本農業の現状」を参考にして，次の事柄を古い順から新しい順に並べなさい。

ア．大規模経営や米作中心からの転換をうながす農業基本法が成立した

イ．米の輸入に関して，関税による調整に移行した

ウ．米の過剰生産をおさえるため減反政策をはじめた

〔　　　→　　　　→　　　　〕

2．教科書p.89「日本農業の現状」「これからの農業」を参考にして，次の事項を課題と新しい取り組みとに分類しなさい。

ア．耕作放棄地の増加　　　イ．民間企業の農業への参入　　　ウ．主業農家の減少
エ．CPTPPによる関税の撤廃　　　オ．地産地消運動の広がり　　　カ．6次産業化の広がり

課題〔　　　　　　　〕　　　新しい取り組み〔　　　　　　　　〕

☞ **確認しよう**

1．●ケース1「大規模化×生産性の向上」に関して，本文とp.115「都道府県別の集落営農数と法人化率」を参考に，以下の問いに答えなさい。

問1　集落営農とはどのような方法か，説明しなさい。

〔　　　　　　　　　　　　　　　　　　　　　　　　　　　　　　　　〕

問2　集落営農数が500以上でかつ法人化率が50%を超えている県を答えなさい。

〔　　　　　　　　　　　　　　　〕

問3　農業分野でAIの応用が期待されている事例を答えなさい。

〔　　　　　　　　　　　　　　　　　　　　　　　　　　　　　　〕

2．●ケース2「高付加価値化」に関して，本文とp115「おもな品種の作付割合の推移」を参考に，以下の問いに答えなさい。

問1　「おもな品種の作付割合の推移」をみて，2010年〜19年にかけてもっとも作付面積が増加した品種と減少した品種を答えなさい。

増加〔　　　　　　　〕　減少〔　　　　　　　〕

問2　「生きものマーク」とは何を意味するマークか，答えなさい。

〔　　　　　　　　　　　　　　　　　　　　　　　　　　　　　　〕

3．●ケース3「半農半X」に関して，本文を参考に，以下の問いに答えてみよう。

問1　半農半Xの「X」にあなたは何を入れるか，答えてみよう。

〔　　　　　　　　　　　　　　　　　　　　　　　　〕

問2　島根県では，半農半Xにどのような支援をしているかまとめてみよう。

〔　　　　　　　　　　　　　　　　　　　　　　　　　　　　　　〕

❶対応事例の空所に，ケース１～３の内容を入れて流れ図を完成させてみよう。

農業が取り組むべき課題

```
┌─────────────────────────────┐
│ 自給率が低い日本              │        対応事例（ケース１～３）
│ →  安定的な食料供給の確保の必要性 │    ┌─────────────────────────┐
└─────────────────────────────┘    │ ・[              ] │
                                    └─────────────────────────┘
  現 状                            ┌─────────────────────────┐
┌─────────────────────────────┐    │ ・[              ]      │
│ ・小さい農家一戸の耕地面積      │    │   →  農業経営の安定         │
└─────────────────────────────┘    └─────────────────────────┘
┌─────────────────────────────┐
│ ・高齢化，後継者不足           │    ┌─────────────────────────┐
└─────────────────────────────┘    │ ・[            ]         │
┌─────────────────────────────┐    └─────────────────────────┘
│ ・持続可能な農業を模索         │
└─────────────────────────────┘
```

❷今後の農業のあり方について，自分の考えに近いものを3つのケースから一つ選ぼう。
（関連する現状とどう対応するかも指摘してみよう）

あなたの考える農業に近いケース
関連する現状との対応

❸あなたが選んだケースについて，メリットとデメリットを考え，自分の言葉でまとめてみよう。またデメリットについては考えられる解決策を示してみよう。

メリット	デメリット
	（解決策）↓

❹自分と異なるケースを選んだ人の意見を整理し，それについて考えたことをまとめてみよう。

ほかの人が選んだケース	あなたの考え

✓ 振り返りチェック

1. 教科書p.99「こんにちの労働環境」を参考にして，次の文章の〔ア〕〜〔オ〕に適語を書きなさい。

　近年の日本における労働環境の問題としては，改善されてきているとはいえ依然としてヨーロッパ諸国より年間労働時間が〔**ア**　　　〕く，有給休暇の取得率も〔**イ**　　　〕い。このほかにも，統計には表れにくい〔**ウ**　　　　　　〕も多く，長時間労働による〔**エ**　　　　　〕などの問題も起きている。こうした問題に対して，残業時間の上限規制や有給休暇の取得義務化，同一労働同一賃金の原則などを定めた〔**オ**　　　　　　　　　〕が2019年に施行されたが,高度専門職については,労働時間などの規制をはずす，高度プロフェッショナル制度も導入された。

2. 教科書p.99 クローズアップ「ジョブ型雇用とメンバーシップ型雇用」を参考にして，次のア〜カをジョブ型雇用の特徴か，メンバーシップ型雇用の特徴かに分類してみよう。

　ア．個人の能力とともに会社の一員として採用が決められることが多い。

　イ．仕事の内容や勤務地が大きく変わることは原則的にない。

　ウ．入社時に，仕事の具体的内容が雇用契約であらかじめ決められている。

　エ．定期的に仕事の内容や勤務地が変わることがある。

　オ．個人の能力や成果が評価されやすいが，長期雇用には向かない。

　カ．長期安定的な雇用に向くが，個人の成果や専門的能力が給与や処遇に反映されにくい。

　　　　　ジョブ型雇用の特徴〔　　　　　　　〕　　メンバーシップ型雇用の特徴〔　　　　　　　〕

3. 教科書p.101 Skill UP「資料から考える日本の労働と暮らし」の各資料から，次のア〜エの内容が読み取れる場合には○を，読み取れない場合には×を書きなさい。

　ア．年間労働時間の国際比較から，各国のサービス残業（不払い残業）時間を求める。　　〔　　　〕

　イ．おもな国の1人あたりGDPと労働生産性から，労働生産性の高さと1人あたりGDPの相関関係を読み取る。　　　　　　　　　　　　　　　　　　　　　　　　　　　　　　　　　　　〔　　　〕

　ウ．有給休暇取得（消化）率から，各国の有給休暇の年間付与日数を求める。　　　　　〔　　　〕

　エ．男女別有償・無償労働の偏りの国際比較から，女性の労働力率を求める。　　　　　〔　　　〕

確認しよう

1. ●柔軟な働き方と積極的労働市場政策に関して，本文とp.117「おもな国の積極的労働市場政策支出」を参考に，以下の問いに答えなさい。

　問1　次のア〜エの政策のうち，デンマークのフレキシキュリティの例に当てはまらないものを1つ選びなさい。

　　ア．次の仕事に移るための教育訓練プログラムの充実などの，積極的な雇用政策。

　　イ．一人あたりの労働時間を短くすることでより多くの人が職に就けるようにするワークシェアリング。

　　ウ．解雇規制を緩和し，正規雇用と非正規雇用の移動を容易にすることによる労働市場の柔軟化。

　　エ．充実した失業給付などの手厚いセーフティネット。

　　　　　　　　　　　　　　　　　　　　　　　　　　　　　　　　　　　　　　　〔　　　〕

問2 「おもな国の積極的労働市場政策支出」をみて，OECD平均を超えている国を答えなさい。

〔　　　　　　　　　　　　　　　〕

2．教科書p.116の内容を参考に，以下の問いに答えなさい。

問1　オランダで増加しているような，企業から業務を請け負って独立して仕事をする働き方をなんというか。

〔　　　　　　　　　　　　〕

問2　問1で答えた働き方についての説明として誤っているものを次のア～エから1つ選びなさい。

ア．企業との関係は必ずしも対等なものではなく，不利益な条件を押し付けられることもある。

イ．独立の事業者として自分の労働時間やスタイルを決めることができる。

ウ．独立の事業者として，労働者としての権利もきちんと保障されている。

エ．企業から請け負う仕事の量が，不安定になりやすいという問題がある。

〔　　　〕

TRY ❶ここまでの内容をふまえながら，ワーク・ライフ・バランスの実現に向けた施策や取り組みをピラミッドチャートで考えてみよう。

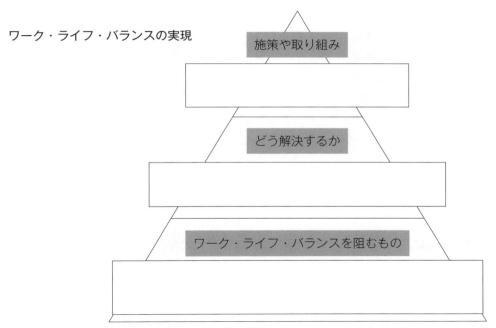

ワーク・ライフ・バランスの実現

施策や取り組み

どう解決するか

ワーク・ライフ・バランスを阻むもの

❷自分の考える理想的な仕事と暮らしのバランス，働き方についてウェビングで構想してみよう。さらに，その実現を妨げる要因があれば，ウェビング内に追加してみよう。

理想的な仕事と
暮らしのバランス

✓ 振り返りチェック

1．教科書p.105 Skill UP「資料から考える社会保障」を読み取り各問いに答えなさい。

問1　次のア〜ウの各文の背景を示す資料として，最も適当なものをそれぞれ選び，資料番号で答えなさい。

ア．日本の人口は2008年をピークに減少に転じており，少子高齢化が進展している。少子化については，年少人口の比率だけではなく人数の減少も大きく影響している。　　　　　　資料〔　　　　〕

イ．日本の社会保障は，諸外国と比べても高齢者向けの内容が中心であり，その負担が現役世代にかたより，不況などの影響もあって若年層や子どもの貧困が広がっている。　　　　　　資料〔　　　　〕

ウ．一般会計の歳出は増加の一途をたどり，税収の伸び悩みによる不足分も国債などで補っているため，国債残高は1,000兆円近くになっている。　　　　　　　　　　　　　　　資料〔　　　　〕

問2　各資料を組み合わせて説明した次のア〜エの各文のうち，説明の内容と資料の組み合わせが適切なものを1つ選びなさい。

ア．日本の社会保障給付費の対GDP比は国際的にそれほど高くないことを資料**3**から読み取り，その理由として，財源のうち資産収入などの割合が少ないことを資料**1**から読み取る。

イ．日本の社会保障給付が高齢者向けであることを資料**3**から読み取り，その理由として，年金が給付費に占める割合が多いことを資料**1**から読み取る。

ウ．フランスの合計特殊出生率が国際的に高い水準にあることを資料**2**から読み取り，その理由として，社会保障給付費に占める家族向けの給付割合が諸外国と比較して最も高いことを資料**3**から読み取る。

エ．日本の社会保障給付費が増加傾向にあることを資料**1**から読み取り，その理由として，日本の生産年齢人口が減少していることを資料**2**から読み取る。

〔　　　　〕

☞ 確認しよう

1．●年金制度改革を参考に，次のア・イは年金制度を大きく分けたときにどの方式に該当するか答えなさい。

ア．年金の支払いを税金でまかなう。国民全体で負担することになるが，財源を確保するためには十分な税収が必要になる。

イ．現役時代の収入等に応じた保険料を支払い，その実績に応じて年金を受け取るが，現役世代の支払った保険料で，引退した世代の年金を支払うため，人口構成によっては制度が脆弱になる。

ア〔　　　　　　〕　イ〔　　　　　　〕

2．●ベーシックインカムを参考に，次のア〜エのうち，ベーシックインカムの導入について賛成の立場の根拠となるものをすべて選びなさい。

ア．十分な給付のためには，現行の税収では不足するため，大幅な増税が必要になる。

イ．誰もが最低限の生活に必要な給付を受けると，人々が働かなくなる。

ウ．全国民に一律支給されるので，資格審査などの作業が不要になり，いくつかの社会保障制度を整理すれば，行政コストを削減できる。

エ．最低限の生活に必要な給付があることで，リスクのある新たなことに挑戦しやすくなる。

〔　　　　〕

TRY ❶ここまでの内容を踏まえながら，あなたが望ましいと考える福祉社会のあり方を，自分の言葉でまとめてみよう。

┌───┐
│   │
│   │
│   │
│   │
└───┘

❷❶でまとめた社会を実現するための日本の社会支出のバランスを考えてみよう。

a）これまで学んできた日本経済の現状と課題について，フィッシュボーンチャートで整理しておこう。

格差・貧困問題　　　　　　　　　労働環境

日本経済の現状と課題

少子高齢化　　　　　　　　　　　財政負担のあり方

b）教科書 p.105 ❸「社会保障給付費（社会支出）の国際比較」のグラフを元に，自分で考えたバランスをグラフにしてみよう。

日本の社会支出　0　　　　　　　　　　　　　　　　　　　　　　　　　　100
　対GDP比
　〔　　　〕％

❸隣の人と交換して，❷で考えたバランスをチェックしてもらおう。

P：良いところ	M：改善したほうがよいところ	I：気になったところ

❹意見交換を踏まえて，考えたことをまとめてみよう。

┌───┐
│   │
│   │
│   │
│   │
└───┘

❶ 国際社会と国際法

▶教科書 **p.120〜121**

① _____

② _____

③ _____

④ _____

⑤ _____

⑥ _____

⑦ _____

⑧ _____

⑨ _____

⑩ _____

⑪ _____

⑫ _____

⑬ _____

国際政治の成立

・190以上の国家

　　…〔①　　　　　　　　〕を保持し，対等な立場で他国と外交や貿易をおこなう

・〔②　　　　　　　　　　　　　　　〕条約

　　　…国家が国際社会を構成することを形づくった（1648年）

　　　（三十年戦争を終結させるために締結）

・国内社会と異なり，国際社会には立法，行政，司法に関する中央権力が存在

　しない

国際法の発達

・国際社会のルール：〔③　　　　　　　　〕

　┌〔④　　　　　　　〕：国家間で合意した成文法

　│　┌二国間で締結…日米安全保障条約，日中平和友好条約など

　│　└多国間で締結…国際人権規約，気候変動枠組条約など

　├〔⑤　　　　　　　　　〕：各国の慣行が積み重なってできたもの

　│　　　　　　　　　　　　　成文化されて，条約となるものもある

　│　┌〔⑥　　　　　　　　〕…外交使節に特別の地位を認める

　└　└〔⑦　　　　　　　　　　〕…公海はどの国も自由に利用できる

・〔⑧　　　　　　　　　　〕…主著『戦争と平和の法』（1625年）

　　　　　　　　　　「国際法の父」ともよばれる

領土問題

・〔⑨　　　　　　　　　〕

　：特定の地域についてたがいに自国の領土であると主張し対立すること。

　　独立の歴史，国境線にかかわる条約の解釈，実効性を伴う支配などが要因

　　民族対立や宗教対立を背景とする場合もあり

・〔⑩　　　　　　　　　　〕地方…インドとパキスタン

　南沙諸島，西沙諸島…中国，ベトナム，フィリピン

主権の及ぶ領域

・主権の及ぶ領域は領土・領海・領空からなる

・国連海洋法条約（1994年発効）の規定

　　〔⑪　　　　　　　〕：基線から〔⑫　　　　　〕海里

　　〔⑬　　　　　　　　　　　　　〕（EEZ）

　　　：領海の外側で，基線から〔⑭　　　　　　〕海里

　　　　他国の船の航行は自由だが，資源については主権的権利を有する

》》〔①〕
国家の政治のあり方を最終的に決定する力をもつという対内的側面と，ほかのいかなる力からも独立しているという対外的側面がある。

次の文が正しい場合には○，誤っている場合には×を（ ）に記入しなさい。

1．国家の主権の独立が了解され，主権国家が成立したのは，ウェストファリア条約（1648年）でのことである。 （　　　）

2．国際法には条約と国際慣習法があるが，外交特権や公海自由の原則は，もともと条約で定められていた。 （　　　）

3．国連海洋法条約では，主権が及ぶ領海は基線から200海里と定められている。 （　　　）

4．カシミール問題とは，インドとパキスタンで争われてきた領土に関する問題であるが，国際裁判によって解決した。 （　　　）

5．国際社会には，条約を統一的に制定したり，強制力をもって守らせたりするしくみが十分にととのっていない。 （　　　）

Work　1 国際法と国内法を比較した次の表を完成させなさい。

	国際法	国内法
法の種類	〔ア　　　　　〕，国際慣習法	〔イ　　　　　〕，法律，条例など
法の主体	〔ウ　　　　〕 など	個人など
立法機関	統一的な機関はない。ただし，国家間の合意や，国連での条約案の作成などがある	〔エ　　　　　　〕
司法機関	当事国が合意した場合に限り，〔オ　　　　　　　　〕 が管轄する	裁判所が強制的に管轄する。当事者が訴えることによって裁判がはじまる
行政機関	ない。ただし，〔カ　　　　　〕 が一部補完	〔キ　　　　〕
法の執行機関	ない。ただし，〔ク　　　　　　　〕 が一部補完	警察や裁判所など

2 主権の及ぶ領域を示した次の図中の〔ア〕・〔イ〕には適語，〔ウ〕・〔エ〕には数字を書きなさい。

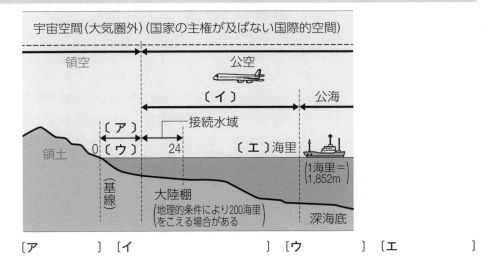

〔ア　　　　　　〕〔イ　　　　　　　　　　　〕〔ウ　　　　　　〕〔エ　　　　　　〕

❷ 国際社会の変化

▶教科書 p.122〜123

①_____

②_____

③_____

④_____

⑤_____

⑥_____

⑦_____

⑧_____

⑨_____

⑩_____

戦争の違法化の進展

・20世紀になり，戦争の違法化

　　「戦争放棄に関する条約（〔①　　　　　　　　　　〕）」

　　　　…戦争そのものを違法とする

　　国際連合憲章…武力の行使を一般的に禁止

国際的な人権保障の実現

・20世紀になり，人権保障は国内問題から国際的な問題へ

　　1948年　〔②　　　　　　　　　　　　　　　　〕…集団殺害罪の防止

　　　　　　世界人権宣言…人権保障の共通の基準を示した

　　1966年　〔③　　　　　　　　　　　〕

　　　　　　　　…A規約，B規約，B規約の「選択議定書」からなる

　　　　　　　　B規約の「選択議定書」では個人通報制度を認める

　　1989年　〔④　　　　　　　　　　　　〕

　　　　　　　　…18歳未満の子どもの保護と人権保障

　　　　　　　　搾取，虐待，武力紛争からの保護や意見表明権など

・国際連合の経済社会理事会に人権委員会が設置される

　　→現在は〔⑤　　　　　　　　　　　〕へ格上げ

国際政治の変化

・国家間の紛争解決のための機関が求められる

　　…国際連盟のもと，常設国際司法裁判所をオランダのハーグに設置

　　　　↓

　　国際連合のもと，〔⑥　　　　　　　　　　　　　　〕を設置

　　┌15人の裁判官（任期は9年）

　　│当事国の同意にもとづいて付託された事件を審議し，判決を出す

　　└国際機関の要請で勧告的意見を出す

・国際法上の罪を犯した個人を裁く裁判所

　　〔⑦　　　　　　　　　　　　　〕

　　　　…ローマ規程により2002年に設置

　　　　検察官による訴追，締約国や安全保障理事会の検察官への付託

　　　　ジェノサイド（集団殺害）罪や人道に対する罪，

　　　　戦争犯罪をおこなった〔⑧　　　　　〕を裁く

　　　　　＊日本は加盟，アメリカ，中国，ロシアは未加盟

・グローバル化を背景に，〔⑨　　　　　　　　〕（非政府組織）が活躍

・安全保障に関する考え方の変化

　　〔⑩　　　　　　　　　　　　〕

　　　　…国連開発計画（UNDP）が主張。戦争だけでなく，貧困や環境破壊，

　　　　エイズなど人間の安全をおびやかすさまざまな問題を解決すること

　　　　が，地域の安定化や平和の維持につながる

　　　次の文が正しい場合には○，誤っている場合には×を（　）に記入しなさい。

1．戦争を違法とする条約は，これまで締結されたことはない。　　　　　　　　　　　　（　　　　）

2．人権侵害を受けた個人が，国際的に設置された委員会に直接通報することを認める制度はない。

　　（　　　　）

3．18歳未満の子どもの権利を保障している「子どもの権利条約」を，日本は批准している。（　　　）

4．国家間の紛争を平和的に解決するための機関として，国際刑事裁判所が設置されている。（　　　）

Work　　1 次のA，Bはある条約の条文の抜粋である。下の各問いに答えなさい。

A　締約国は，15歳未満の者が敵対行為に直接参加しないことを確保するためのすべての実行可能な措置をとる。

B　締約国は，児童が経済的な搾取から保護され及び危険となり若しくは児童の教育の妨げとなり又は児童の健康若しくは身体的，精神的，道徳的若しくは社会的な発達に有害となるおそれのある労働への従事から保護される権利を認める。

問1　この条約は何か答えなさい。

問2　それぞれ関連している語句を下から1つずつ選び，解答欄に記入しなさい。

　　　　ストリートチルドレン　　　児童労働　　　少年兵

　　　　　　　　　　　　　　　　　　　　　　A　　　　　　　　　　　B

2 次のうち，人間の安全保障にあてはまるのはどれか。すべて選び，解答欄に記入しなさい。

① 国家の安全を保障するため，軍備拡張をする。

② 人間一人ひとりに注目して，貧困や環境破壊なども安全をおびやかすものととらえて対処する。

③ 紛争後の社会再建を安全保障の重要な要素として位置づける。

④ 戦争をなくすことのみが安全保障であるという考え方である。

3 教科書p.123資料 2 「国際司法裁判所と国際刑事裁判所」を参考に，次の表を完成させなさい。

国際司法裁判所（ICJ）		国際刑事裁判所（ICC）
〔①　　　　　　〕年	設立	2003年
〔②　　　　　〕	本部	〔③　　　　　　〕
〔④　　　　　〕の紛争を審理	内容	集団殺害，〔⑤　　　　　〕犯罪などを指導した〔⑥　　　　　〕を処罰
当事国の合意により付託	裁判	検察官による訴追，締約国や〔⑦　　　　　　〕の検察官への付託
国連憲章第92条	根拠法	ICCローマ規程

❸ 国際連合と国際協力

▶教科書 **p.124〜125**

①_____

②_____

③_____

④_____

⑤_____

⑥_____

⑦_____

⑧_____

⑨_____

⑩_____

⑪_____

⑫_____

⑬_____

⑭_____

⑮_____

▌国際連盟の成立と崩壊 ▶

・1920年　〔①　　　　　　　　　　〕発足

　　　　　　　　…〔②　　　　　　　　　　　　〕を採用，従来は勢力均衡

　　　　　　　　アメリカは不参加，ソ連も一時期のみ参加

　　　　　　　　日本，ドイツ，イタリアは脱退

　　　　　　　　〔③　　　　　　　　　〕制で議決→意思決定が困難

・第二次世界大戦をふせぐことができずに崩壊

▌国連と集団安全保障 ▶

・1945年　〔④　　　　　　　　　〕誕生

　〔②〕を強化

　あらゆる武力の行使を禁止

　多くの国が加盟…現加盟国193か国（2021年現在）

・〔⑤　　　　　　　　　　　　　〕（安保理）が平和維持のための責任をもつ

　　　　平和を破壊する国に対して，経済制裁や軍事制裁などの強制措置を決定

　　　　5大国（米・ソ・英・仏・中）が〔⑥　　　　　　　　　〕

　　　　非常任理事国が10か国

　　　　表決は15か国のうち9か国の賛成

　　　　…ただし全〔⑥〕の賛成を含む＝〔⑦　　　　　　　　　　〕

　　　　　〔⑥〕は〔⑧　　　　　　〕を行使できる

・「〔⑨　　　　　　　　　　　〕」決議

　　　…〔⑤〕が機能しないとき，総会が緊急会合を開催できる

　　　　1950年の朝鮮戦争のときに決議

　　　　加盟国に強制措置などを勧告できる

・〔⑤〕の決定による正式な〔⑩　　　　　　　　〕は結成されたことがない

　→〔⑪　　　　　　　　　〕（PKO）がおこなわれている

　　　　…紛争当事国の同意を得て，中立の立場から，停戦監視や国境パトロー

　　　　　ル，選挙監視などをおこなう

▌国際組織の協力ネットワーク ▶

・国連の主要機関

　国連〔⑫　　　　　　　〕，安全保障理事会，〔⑬　　　　　　　　　〕理事会，

　信託統治理事会，事務局，〔⑭　　　　　　　　〕裁判所

・国連総会

　すべての主権国家は平等…表決は〔⑮　　　　　　　　　〕で多数決

・NGOとの協力

　国連の専門機関や地域機関が協力→国家をこえたネットワークを形成

・国連の課題

　安保理改革…理事国数の増加や拒否権の制限

　財政問題…PKO派遣費用の負担

>>> **勢力均衡と〔②〕**
勢力均衡は，対立する諸国家がそれぞれ同盟を形成し，軍事力を均衡させて平和を維持しようとする政策。
〔②〕は，対立する国々も含めた体制を築き，戦争を法により禁止し，違法な戦争をした国に対し，集団的に制裁を加えることで，平和の維持・回復をはかる政策。（→敎p.124❹）

正誤問題　次の文が正しい場合には○，誤っている場合には×を（　）に記入しなさい。

１．国際連盟の欠陥の１つは，表決について多数決制をとったことにある。　　　　　　　（　　　　）

２．国連安保理の５常任理事国とは，アメリカ，イギリス，フランス，ドイツ，中国の５か国である。
　　（　　　　）

３．平和維持活動（PKO）は，国連憲章が想定していた安全保障の方式ではない。　　　（　　　　）

４．国連総会は，すべての加盟国が参加する機関である。　　　　　　　　　　　　　　（　　　　）

５．国連の課題としては，平和の問題に関する大国の利害による機能麻痺や，急増したPKO派遣費用などがある。　　　　　　　　　　　　　　　　　　　　　　　　　　　　　　　　　　　（　　　　）

Work　下の国連機構図の，Ａ・Ｂ・Ｃ・Ｄにあてはまる語句を答えなさい。

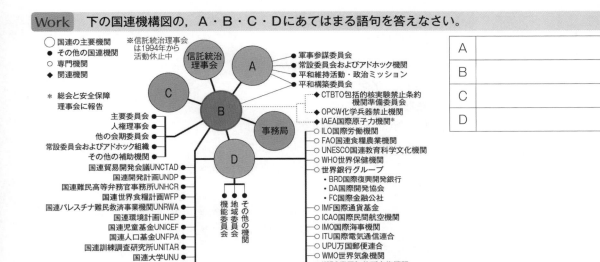

A	
B	
C	
D	

（「国際連合の基礎知識」）

☑Check　教科書p.124資料❹「勢力均衡・集団安全保障と集団的自衛権」をみて，「勢力均衡」と「集団的自衛権」の類似点を説明した文として正しいものを１つ選びなさい。

①　対立する国または国々に対して同盟を結ぶ点。

②　対立した国々も含めた体制を築き，違法な戦争をした国を集団で制裁する点。

③　勢力や権利を監督する国際組織を基に成立する点。

④　軍事力を行使しない点。

❹ こんにちの国際政治　　　　　　　　　　　　▶教科書 **p.126〜127**

① _____

② _____

③ _____

④ _____

⑤ _____

⑥ _____

⑦ _____

⑧ _____

⑨ _____

⑩ _____

⑪ _____

冷戦の終結

・〔①　　　　　　〕：西側（米国中心の資本主義諸国）と東側（ソ連中心の社会
　　　　　　　　　　主義諸国）の対立

　　アジアでは米ソの代理戦争ともいえる戦争が勃発する

　　　　1950〜1953年　〔②　　　　　〕戦争

　　　　1965〜1975年　〔③　　　　　　　〕戦争

・1980年代後半　米ソ関係の変化…対立から協調へ

　　➡1989年　両国首脳による〔①〕終結宣言

・安全保障対話の進展

　　1993年　ECがEU（〔④　　　　　　　　〕）となる

　　1994年　アジアで，〔⑤　　　　　　　　　　　　　〕（ARF）発足

不安定な世界

・地域・民族紛争は1990年代から増加

　　1990年　イラクがクウェートに侵攻し，〔⑥　　　　　　　　〕がおこる

　　1990年代　ユーゴスラビア，旧ソ連地域を含む中央アジアやアフリカでも，
　　　　　　　地域・民族紛争が新たに発生

・〔⑦　　　　　　　　〕：特定の政治目的を達成するために，社会に恐怖を
　　　　　　　　　　　　与える暴力行為，考え方

・2001年9月11日　アメリカで〔⑧　　　　　　　　　〕が勃発

　　➡アメリカは，アフガニスタンのタリバーン政権に大規模な攻撃
　　　ブッシュ米政権は，国益優先をかかげ，〔⑨　　　　　　　　〕的
　　　な傾向を強めた

・2003年　〔⑩　　　　　　　　　〕

　　　　　　：アメリカが，大量破壊兵器の保有を理由におこなった「対テ
　　　　　　ロ戦争」（国連安保理の武力行使容認決議にもとづいていな
　　　　　　い）

　　　　　　➡テロは抑えられず，イギリス，スペインなどへテロの拡大

地域大国の台頭と多極化する世界

・21世紀には，ロシアや中国が大国として復活

　　ロシアは，クリミア編入問題やウクライナ侵攻をめぐり，欧米など諸国と対立

・「〔⑪　　　　　　　〕」

　　　　…北アフリカ，中東でひろがった圧政からの解放と民主化を求める動き

　　2010年末　チュニジア

　　2011年　　エジプト，リビアなどでは長期独裁政権が倒れる

　➡しかしその後，エジプトではクーデター，シリアも内戦化し，政治は不
　　安定となる

・シリア内戦…内戦にアメリカ，ロシアも介入，イスラム過激派によるテロ活動

　　　　　　➡大量の難民が発生

>>> **ウクライナ侵攻**

かつてソ連を構成したウクライナでは，親ロシア派であるロシア系住民と親欧米派の政府が対立した。2014年のロシアによる一方的なクリミア半島の領有宣言以後も，ウクライナ東部において内戦は続き，2022年2月，ロシア軍はウクライナへ侵攻した。国連安保理では，ロシア軍の軍事活動停止と即時撤退を求める決議案が採決にかけられたが，ロシアの拒否権によって否決された。しかし，その後の国連緊急特別総会では類似内容の決議案が採択された。またロシアは，EUやアメリカなどの国際社会から経済制裁を受けた。（→教 p.126❹）

次の文が正しい場合には○，誤っている場合には×を（ ）に記入しなさい。

1．冷戦期には米ソ間の直接の戦争が回避されたため，その他の地域でも戦争は起きなかった。

（ 　 ）

2．1990年，イラク国内の民族紛争から湾岸戦争がおこった。 （ 　 ）

3．ロシアのウクライナ侵攻をめぐる国連安保理決議案は，ロシアの拒否権によって否決された。

（ 　 ）

4．2010年末にチュニジアではじまった民主化を求める動きは，北アフリカなどにひろがり，「アラブの春」とよばれた。 （ 　 ）

5．近年では，大国間で新たな対立が生じるなど，アメリカ一国が突出した力をもつ構造から，多極化が進んでいる。 （ 　 ）

Work 教科書 p.126 資料■「第二次世界大戦後のおもな地域紛争・民族紛争」で，冷戦終結後のおもな地域紛争・民族紛争を確認してみよう。

1990～94年	紛争	2003年～	紛争
2014～15年，22年～	紛争	1991～95年	内戦
1994～2009年	紛争	2003年	戦争
1991年	内戦	1991年	戦争

✓Check 教科書 p.126 資料■「第二次世界大戦後のおもな地域紛争・民族紛争」　紛争の発生地域を冷戦終結の前後で整理すると，どのような変容が見られるだろうか。次の各問いに答えなさい。

問1　教科書 p.126 の資料1を参考に，下の表の各地域について，冷戦終結前と冷戦終結後のそれぞれの時期について，紛争が新たに発生した地域には○を，そうでない地域には×を記入しなさい。

地　　域	冷戦終結前	冷戦終結後
ヨーロッパ（西欧）		
ヨーロッパ（東欧）		
アジア		
中東		
アフリカ		
北中米		

問2　問1で作成した表を参考に，紛争の発生地域の変容を自分の言葉でまとめてみよう。

❺ 人種・民族問題

▶教科書 **p.128〜130**

① _____

② _____

③ _____

④ _____

⑤ _____

⑥ _____

⑦ _____

⑧ _____

⑨ _____

⑩ _____

⑪ _____

人種問題の展開

・人種問題…皮膚の色など身体的な特徴による差別や不利な扱い

　　アメリカ…1950年代から60年代にかけて〔①　　　　　　　　　　〕が高ま

　　　　　　　り，長年差別されてきた黒人の社会進出が保障された

　　南アフリカ共和国…〔②　　　　　　　　　　　　　〕（隔離）政策のもと少数

　　　　　　　　　　　の白人が黒人を支配

　　1991年　〔②〕廃止

　　1994年　全人種が参加した選挙で〔③　　　　　　　　　　　　〕が黒

　　　　　　人初の大統領に選出

・人種にもとづく差別は，〔④　　　　　　　　　　〕条約（1965年採択）な

　どで禁止されている

民族問題と難民

・民族問題：政治的抑圧などを受けた民族が，抑圧からの解放や支配的な民族

　　　　　　からの独立・自治を求めることから生じる対立や紛争のこと

・〔⑤　　　　　　　　　　　　〕

　　　：第二次世界大戦後，パレスチナにイスラエルを建国したユダヤ人と，

　　　　先住のアラブ人（パレスチナ人）との間の紛争や対立

・旧ユーゴスラビア…1992年までに5つの共和国に分裂

　　➡ボスニア・ヘルツェゴビナ紛争

　　　…「〔⑥　　　　　　　　　〕（エスニック-クレンジング）」とよばれる民

　　　族間での殺戮がおこなわれた

・ロシア…独立をめざすチェチェンで紛争の激化，南オセチア自治州をめぐる

　　　　　紛争

・アフリカ…1991年にソマリア，1994年にルワンダなどで部族間紛争

　　　　　　2003年からスーダンのダルフール紛争

・アジア…ミャンマーで，少数民族のロヒンギャに対する軍事的弾圧

・〔⑦　　　　　〕や国内避難民が増加

　　〔⑦〕：人種や宗教，政治的意見の違いによる迫害から国外にのがれた人々

　　〔⑧　　　　　　　　　　　　　〕の原則

　　　：難民を迫害する国に追放，送還してはならない

　　〔⑨　　　　　　　　　　　　　　　　　〕（UNHCR）

　　　…難民の保護と救援活動をおこなう（NGOも協力）

民族問題解決に向けて

・〔⑩　　　　　　　　　　〕…民族国家の形成や植民地解放の原動力となる

　　➡民族の一体性を強調しすぎると，〔⑪　　　　　　　　　　　〕（エスノ

　　　セントリズム）やマイノリティ（少数派）の抑圧へ

　　　偏狭なナショナリズムにとらわれず，多文化主義にたち，共生をはかる

　　　ことが重要

>>> **民族**

一般的には，言語や宗教などについて，歴史的・文化的な共通性をもつ集団であって，その集団への帰属意識をもつ人々の集まりを民族という。（→敎 p.128 ◆2）

次の文が正しい場合には○，誤っている場合には×を（ ）に記入しなさい。

1．人種問題とは，ある集団が別の集団を，文化や宗教などによって差別し，不利な扱いをすることから生じる。 （　　　）

2．南アフリカ共和国では，長年アパルトヘイト（隔離）政策のもと，少数の白人が黒人を支配してきたが，現在は廃止されている。 （　　　）

3．パレスチナ問題は，ヨーロッパなどで長い間迫害を受けてきたユダヤ人と，ヨーロッパ各国の間の紛争や対立のことである。 （　　　）

4．アジア各国は民主化が進んでおり，近年民族問題は起きていない。 （　　　）

5．民族問題の解決のためには，それぞれの民族の文化や宗教，生活様式を認め，お互いに尊重しながら共生していくことが必要である。 （　　　）

Work **教科書p.130 時事コラム「パレスチナ問題」を読んで，以下の表を完成させなさい。**

第一次世界大戦中	イギリスが，アラブにもユダヤにもパレスチナでの建国を約束
第一次世界大戦後	イギリス，パレスチナを委任統治 　→パレスチナへ多数のユダヤ人が移住 　→先住していたアラブ人との衝突が激化
1947年	国連によるパレスチナ分割決議
1948年	〔ア　　　　　　　　　〕建国 　→アラブ人が反発 　→〔イ　　　　　　　　　　〕勃発
1967年	〔ウ　　　　　　　　　　〕勃発
1993年	〔エ　　　　　　　　　　　　〕調印
2002年〜	イスラエル，分離壁建設　→　現在も対立が続く

✓Check **教科書 p.129 グラフ「難民と国内避難民の推移」 難民と国内避難民が急増した時期を確認し，文中の〔ア〕〜〔エ〕に適語または数値を書きなさい。**

東西〔ア　　　　　　〕終結後は，世界各地で民族問題が噴出した。

難民が急増したのは，アフリカなどでの紛争が拡大した〔イ　　　　　　　〕年代初めと，2003年の〔ウ　　　　　　　〕戦争後，シリア内戦などが激化した〔エ　　　　　　　〕年代半ばからである。

❻ 軍拡競争から軍縮へ　　　　　▶教科書 p.132〜133

① _____
② _____
③ _____
④ _____
⑤ _____
⑥ _____
⑦ _____
⑧ _____
⑨ _____
⑩ _____
⑪ _____
⑫ _____

恐怖の均衡

・東西冷戦 ➡ 軍拡競争（特に核兵器開発競争）➡「恐怖の均衡」

【背景】〔①　　　　　　　　　〕
　　　　　…核兵器による報復というおどしにより，相手の侵略行為を抑えられる

【結果】　莫大な軍事費 ➡ 大幅な財政赤字

軍縮の現状と課題

・米ソ（米ロ）間の軍縮交渉・条約

　1987年　〔②　　　　　　　　　　　〕（中距離核戦力全廃条約）
　　　　　　…史上初の核兵器の削減

　1991年　〔③　　　　　　　　　　〕（START）

　2002年　戦略攻撃兵器削減条約（モスクワ条約）

　2010年　新戦略兵器削減条約〔④　　　　　　　　　〕…2011年発効

・核軍縮のあゆみ

　1963年　部分的核実験禁止条約（PTBT）…地下核実験をのぞく核実験を禁止

　1968年　〔⑤　　　　　　　　　〕（〔⑥　　　　　〕）
　　　　　　…1995年に無期限延長合意
　　　　┌核保有国は米・英・仏・ソ・中のみ
　　　　│非核保有国は核兵器の製造など禁止
　　　　│　…〔⑦　　　　　　　　　　〕（IAEA）の査察受入
　　　　└インド，パキスタン，イスラエルなどは未加盟

　1996年　〔⑧　　　　　　　　　　　　〕（〔⑨　　　　　〕）
　　　　　　…未発効
　　　　┌すべての核爆発実験を禁止（コンピュータ実験は可能）
　　　　│米・中は未批准，インド，パキスタンなどは未署名，
　　　　└日本は1997年に批准

　　＊中南米核兵器禁止条約をはじめ，5つの〔⑩　　　　　　〕条約が調印されている

　　＊一方で，インドやパキスタン，北朝鮮による核実験など核廃絶に向けての課題は多い

・その他の兵器の軍縮

　1972年　生物兵器禁止条約

　1993年　化学兵器禁止条約

　1997年　〔⑪　　　　　　　　　　〕
　　　　　　…NGOが廃絶をよびかけ。米・ロ・中などは未署名

　2008年　〔⑫　　　　　　　　　　　　〕
　　　　　　…NGOのよびかけ。米・ロ・中などは未署名

核廃絶をめざして

・反核運動のひろがり

1954年　アメリカのビキニ環礁での水爆実験で〔⑬　　　　　　　〕
　　　　　　　　が被爆

```
    ┌ 反核運動
    │   1955年　〔⑭　　　　　　　　　　　〕開催
 ➡  ┤  科学者の反核運動
    │   1957年　〔⑮　　　　　　　　　〕開催
    └
```

・国連における核軍縮

1978年　国連軍縮特別総会開催

1996年　国際司法裁判所が「核兵器の使用は一般的に国際法に違反する」
　　　　　との勧告的意見

2017年　国連で「〔⑯　　　　　　　　　　〕」採択
　　　　　　　　　…核実験や核の開発，保有，使用などあらゆる核兵
　　　　　　　　　　器関連の活動を禁止
　　　　　　　　　　核保有国は不参加，日本も不参加

⑬ _____

⑭ _____

⑮ _____

⑯ _____

正誤問題　　　次の文が正しい場合には○，誤っている場合には×を（　）に記入しなさい。

1．核拡散防止条約では，アメリカ，イギリス，フランス，ロシア，中国以外の国が核兵器をもつことを禁止している。　　　　　　　　　　　　　　　　　　　　　　　　　　　　　　　　　（　　　）

2．包括的核実験禁止条約（CTBT）で，地下での核実験は認められている。　　　　（　　　）

3．国連安保理で核計画などの放棄を求める制裁決議がたびたび採択されてきたが，北朝鮮は核実験を実施している。　　　　　　　　　　　　　　　　　　　　　　　　　　　　　　　　　（　　　）

Work　　①次の国々は，CTBTの発効要件国44か国である。

アルジェリア　アルゼンチン　オーストラリア　オーストリア　バングラデシュ　ベルギー　ブラジル
ブルガリア　カナダ　チリ　中国　コロンビア　北朝鮮　コンゴ（民）　エジプト　フィンランド
フランス　ドイツ　ハンガリー　インド　インドネシア　イラン　イスラエル　イタリア　日本
メキシコ　オランダ　ノルウェー　パキスタン　ペルー　ポーランド　韓国　ルーマニア　ロシア
スロバキア　南アフリカ　スペイン　スウェーデン　スイス　トルコ　ウクライナ　イギリス
アメリカ　ベトナム

問1　NPTで，核兵器国（核保有国）とされている国をすべて答えなさい。

〔　　　　　　　　　　　　　　　　　　　　　　　　　　　　　　　　　　　　　　　〕

問2　問1で答えた以外の国で，核実験をおこなったことのある国をすべて答えなさい。

〔　　　　　　　　　　　　　　　　　　　　　　　　　　　　　　　　　　　　　　　〕

---

②教科書 p.133 資料①「核拡散の現状と非核地帯」の地図をみて，次の各地域の非核化を定めた条約の別名（地名）を答えなさい。

中南米　　〔　　　　　　　　　　〕条約　　　南太平洋〔　　　　　　　　　〕条約

東南アジア〔　　　　　　　　　　〕条約　　　アフリカ〔　　　　　　　　　〕条約

❼ 日本の外交と国際社会での役割

▶教科書 **p.134〜135**

①＿＿＿＿＿＿＿

②＿＿＿＿＿＿＿

③＿＿＿＿＿＿＿

④＿＿＿＿＿＿＿

⑤＿＿＿＿＿＿＿

⑥＿＿＿＿＿＿＿

⑦＿＿＿＿＿＿＿

⑧＿＿＿＿＿＿＿

⑨＿＿＿＿＿＿＿

▌戦後日本外交の原則

・1951年　〔①　　　　　　　　　　　　　　　〕

　　　　　　　　…連合国と締結（片面講和）

　　　　　〔②　　　　　　　　　　〕

　　　　　　　　…アメリカと締結➡独立後も米軍が日本に駐留

　　1952年　独立を回復

・1956年　〔③　　　　　　　　　〕

　　　　　　　　…ソ連と国交回復→国際連合への加盟が認められる

・外交の3原則

　　：国連中心主義・西側諸国との協調・アジアの一員としての立場の維持

▌アジア諸国への責任と協力

・戦後，アジア諸国と賠償協定を締結…中国，インドなどは賠償請求権を放棄

・1965年　〔④　　　　　　　　　　〕…大韓民国と国交正常化

・1972年　〔⑤　　　　　　　　　　〕…中華人民共和国と国交正常化

　　　　　➡1978年　〔⑥　　　　　　　　　　〕

（戦後補償…個人が戦争によってこうむった損害に対して要求）

・1991年　朝鮮民主主義人民共和国（北朝鮮）と国交正常化交渉が開始

　　　　　➡核開発問題や拉致問題などにより進展していない

【領土をめぐる問題】

・北方領土問題…日本と〔⑦　　　　　　　〕との間

　　：国後島，択捉島，歯舞群島，色丹島

　　日本は，四島返還を主張

　　2013年　日ロ共同声明で，早期解決へ向けて努力することが合意された

・〔⑧　　　　　〕の問題…日本と韓国との間

　　日本は，国際司法裁判所への付託を提案したこともある

・尖閣諸島について中国が領有権を主張しているが，日本は領土問題は存在しないとしている

▌日本のはたすべき役割

・経済大国となった日本のはたすべき役割は大きい

　　⎰ 自衛隊の海外活動（PKOへの参加，人道支援，対米協力など）

　　⎱ 政府開発援助（ODA）やその他の経済協力

・「〔⑨　　　　　　　　　〕」という考え方にもとづく非軍事的な分野での国際貢献

　　…国連で「〔⑨〕基金」設立のイニシアティブをとる

次の文が正しい場合には○，誤っている場合には×を（　）に記入しなさい。

1．日本は，サンフランシスコ平和条約の発効によって，国際連合への加盟が認められた。　（　　　）

2．サンフランシスコ平和条約は，すべての連合国と日本が締結した条約で，この条約の発効により，日本の主権が回復した。　（　　　）

3．日本外交の3原則とは，自由主義諸国との協調，国家利益中心主義，アジアの一員としての立場の堅持の3つをさす。　（　　　）

4．戦後補償問題とは，戦争による国家間の損害賠償問題のことで，日本は，連合国と個別に条約を締結した。　（　　　）

5．中国は竹島について領有権を主張しているが，日本は固有の領土であるとしている。　（　　　）

6．2002年におこなわれた日朝首脳会談で，日本は北朝鮮と国交を正常化した。　（　　　）

7．人間の安全保障の考え方にもとづく，「人間の安全保障基金」が国連に設立され，人間の生存と尊厳に対する脅威のために取り組む国連関連国際機関への支援がおこなわれている。　（　　　）

Work　①教科書p.135 資料③「戦後の日本外交のあゆみ」を参考にして，次の出来事を古い順に並べかえ，記号で答えなさい。

A．沖縄の日本復帰　　　B．ポツダム宣言受諾　　　C．日本，国連に加盟
D．日韓基本条約調印　　E．サンフランシスコ平和条約調印　　F．日中平和友好条約調印
G．日米新安全保障条約調印　　H．日朝首脳会談開催

| → | → | → | → | → | → | → |

②教科書p.134 ②「日本の領域と排他的経済水域」を参考にして，次の地図のア～キに適する島の名称を，解答欄に記入しなさい。

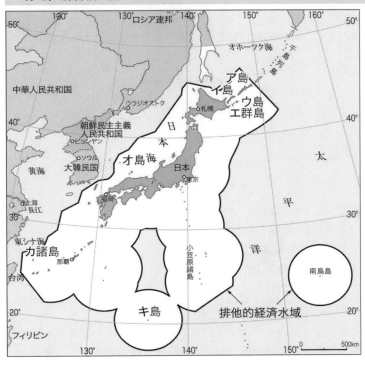

ア		島
イ		島
ウ		島
エ		群島
オ		島
カ		諸島
キ		島

❶ 貿易と国際収支

▶教科書 **p.136〜137**

① _____

② _____

③ _____

④ _____

⑤ _____

⑥ _____

⑦ _____

⑧ _____

⑨ _____

⑩ _____

⑪ _____

⑫ _____

⑬ _____

⑭ _____

⑮ _____

⑯ _____

⑰ _____

⑱ _____

⑲ _____

わたしたちの生活と国際経済

・国境をこえた経済取引の拡大

　…〔①　　　　　　　〕によるモノ（財）の取引，金融や投資などカネ〔②

　　　　　　　　　　〕の取引，ヒト（労働力）や情報の交流，技術の取引など

自由貿易と保護貿易

・〔③　　　　　　　　　　　〕…イギリスの経済学者〔④　　　　　　　　〕に

　よる

　　　：どの国も生産費が相対的に優位な財の生産に〔⑤　　　　　　〕し，輸

　　　　出しあうほうが，同じ労働力でより多くの財を生産

　　　　＝〔⑥　　　　　　　　　　　〕…貿易自由化の根拠

・こうした自由貿易に対し，ドイツの経済学者〔⑦　　　　　　〕は

　〔⑧　　　　　　　　〕の考え方を主張

【国際分業と多国籍企業】

〔⑨　　　　　　　　〕：一次産品と工業製品を輸出しあう貿易

　　　　　　　　　　　…伝統的な貿易類型

〔⑩　　　　　　　　〕：たがいに工業製品を輸出しあう貿易

　　　　　　　　　　　…先進国と途上国の貿易も〔⑩〕化が進む

　こんにちでは，多国籍企業で〔⑪　　　　　　　　　〕が増加

国際収支

・国際収支：外国との１年間の経済取引の結果を貨幣額であらわしたもの

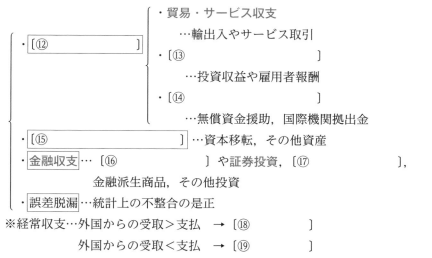

・〔⑫　　　　　　　〕　┌・貿易・サービス収支
　　　　　　　　　　　│　　　…輸出入やサービス取引
　　　　　　　　　　　│・〔⑬　　　　　　　　　〕
　　　　　　　　　　　┤　　　…投資収益や雇用者報酬
　　　　　　　　　　　│・〔⑭　　　　　　　　　〕
　　　　　　　　　　　└　　　…無償資金援助，国際機関拠出金

・〔⑮　　　　　　　　〕…資本移転，その他資産

・金融収支…〔⑯　　　　　　　〕や証券投資，〔⑰　　　　　　　　〕，

　　　　　　金融派生商品，その他投資

・誤差脱漏…統計上の不整合の是正

※経常収支…外国からの受取＞支払　→〔⑱　　　　　　〕

　　　　　　外国からの受取＜支払　→〔⑲　　　　　　〕

　金融収支

　　…自国の対外資産と外国が自国に保有する対外負債が増える場合→増加

　　　自国の対外資産と外国が自国に保有する対外負債が減る場合→減少

⟫⟫⟫ **輸入と国内産業**
貿易自由化によって輸入品が急増すると，競合する国内産業の衰退と失業問題が生じるおそれがある。(→教 p.136❶)

正誤問題 次の文が正しい場合には○，誤っている場合には×を（ ）に記入しなさい。

1．イギリスの経済学者リカードは比較生産費説を唱え，国際分業の利益を主張したが，この論理は現在でも貿易自由化の論拠となっている。 （　　　）

2．こんにちでは，多国籍企業の本社と在外子会社間の企業内貿易が増加している。 （　　　）

3．先進国と発展途上国がたがいに工業製品を輸出しあう貿易を垂直貿易という。 （　　　）

4．経常収支には，貿易収支，サービス収支，第一次所得収支，第二次所得収支，直接投資が含まれる。 （　　　）

Work 教科書 p.136 のなるほど Q&A「比較生産費説とは」をみて，次の文中の〔 ア 〕～〔 カ 〕に適当な数字を入れなさい。

A国には150人の，B国には450人の労働者がいる。特化前，A国では〔 ア 〕人の労働者で服地1単位を，〔 イ 〕人の労働者でぶどう酒1単位をつくり，B国は〔 ウ 〕人で服地1単位，150人でぶどう酒1単位をつくっていた。この時，両国でつくられる服地とぶどう酒は合わせて〔 エ 〕単位ずつである。もしA国150人の労働者全員が服地をつくれば，服地〔 オ 〕単位をつくることができ，B国450人の労働者全員がぶどう酒をつくれば，ぶどう酒3単位をつくることができる。結果として，2つの商品を特化前より〔 カ 〕単位ずつ多くつくることができる。

〔ア　　　〕〔イ　　　　〕〔ウ　　　　〕〔エ　　　〕〔オ　　　〕〔カ　　　　〕

Quiz 次のものは，国際収支のどの項目に入るか答えなさい。

①日本の自動車会社が輸出によって得る代金
②日本の銀行が保有する米国債から得る利子
③日本人が配当目的で米国企業の株を購入する代金

①	②	③

Exercise 教科書p.137資料「日本の経常収支の推移」の内容を説明した文章として適当なものをすべて選びなさい。

① プラザ合意以降，急激な円安が進んだが，貿易赤字はあまり大きくなっていない。

② アメリカ発の金融危機により，貿易黒字は急速に縮小した。

③ 東日本大震災の影響で停止した原子力発電を補うために火力発電用燃料の輸入額が増加した結果，経常収支は赤字となっている。

④ これまで海外におこなってきた投資からの利益などを示す第一次所得収支の黒字によって，経常収支は黒字を保っている。

❷ 外国為替市場のしくみ

▶教科書 p.138〜139

① _____

② _____

③ _____

④ _____

⑤ _____

⑥ _____

⑦ _____

⑧ _____

⑨ _____

外国為替市場と為替レート

・〔①　　　　　〕

　　：遠隔地間の支払いと受け取りを，金融機関の間の決済に振り替える方法

　外国〔①〕：国際間の取り引きで生じる支払・受取の決済

　　　　　　　この際に用いられるのが〔②　　　　　　　　〕

・〔③　　　　　　〕

　　：〔②〕や外国通貨建ての現金・預金小切手を売買する市場

・〔④　　　　　　〕（為替相場）

　　：自国通貨と外国通貨との交換比率

　　現在，〔④〕は外国為替市場での需要と供給の関係によって決まる

　　　＝〔⑤　　　　　　　　　　〕

・〔⑥　　　　　　　　〕（為替介入）：政府による外国為替市場への介入

【円高・円安】

・1ドル＝200円→1ドル＝100円の場合

　…〔⑦　　　　　　　　〕：ドルに対する円の価値が上がっている

⇕

・1ドル＝100円→1ドル＝200円の場合

　…〔⑧　　　　　　　　〕：ドルに対する円の価値が下がっている

・為替レートの変動

　ⅰ）日本からの輸出増→獲得したドルを円に交換する必要→円の需要増

　　　　→〔⑦〕になる傾向

　ⅱ）〔⑨　　　　　　〕や株価の変動による資金の移動

　　　　…アメリカの〔⑨〕や株価の上昇→ドル買い需要高まる

　　　　　→〔⑧〕になる傾向に

正誤問題　次の文が正しい場合には○，誤っている場合には×を（　）に記入しなさい。

1．急激な円高がおきた場合，日本銀行は，ドルを売って円を買うこと（ドル売り円買い介入）で，円相場を下げようとする。（　　　）

2．現在，ドルや円など主要通貨の為替レートは，外国為替市場での需要と供給の関係によって決まる変動為替相場制をとっている。（　　　）

3．日本からの輸出が増加する場合，獲得したドルを円に交換しようとするため，円の需要が高まり円高・ドル安になる傾向がある。（　　　）

4．アメリカにおける金利が日本の金利よりも高くなる場合，資金を日本で運用するよりもアメリカで運用するほうが利益が大きいため，円高・ドル安になる傾向がある。（　　　）

①教科書p.138資料②「外国為替のしくみ」を参考に,次の図の〔ア〕～〔エ〕に入るものを,下の①～④から選びなさい。

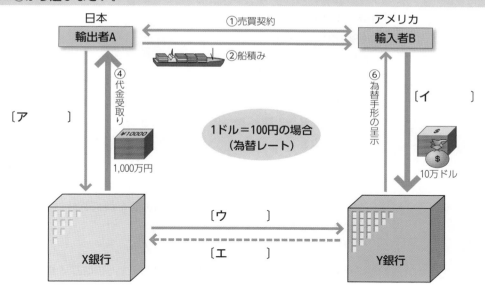

a．為替手形の送付　　b．代金支払い　　c．銀行間決済　　d．為替手形の買い取り依頼

②教科書p.139なるほどQ&A「円高・円安って何？」を参考にして,下の「円安」の場合の図の空欄に適する語句を,語群より選び,記号で答えなさい。

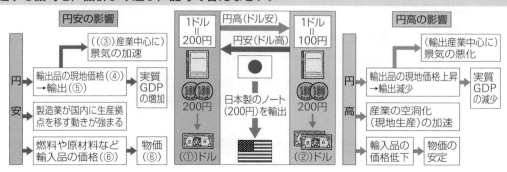

《語群》

a．1　　b．2　　c．上昇　　d．低下　　e．輸出　　f．輸入　　g．増加　　h．減少

①		②		③		④		⑤		⑥	

① 第二次世界大戦後の国際経済

▶教科書 **p.140〜141**

IMF・GATT体制 ●

・1930年代の大不況

　資本主義列強は〔①　　　　　　　　　　　　　〕を形成

　　　　　　　　　　　　：貿易と為替管理で排他的な保護主義政策

　　➡世界貿易縮小，各ブロック内の資源不足，販売市場をめぐる各列強間の

　　　経済的競争も高まる➡領土をめぐる争いがおきる➡第二次世界大戦へ

・1944年　〔②　　　　　　　　　　　　　〕で設立を決める

　　⎧ IMF（〔③　　　　　　　　　　　〕）…国際通貨の安定をめざす

　　⎨〔④　　　　　　　　　　　　　〕（IBRD，〔⑤　　　　　　　　　〕）

　　⎩　　　…戦後復興と開発のための資金供給をおこなう

　1947年　GATT（〔⑥　　　　　　　　　　　　　　　　　〕）締結

　　　　　　　　…貿易の自由化を推進

　　→IMF，〔④〕，GATT の三者で世界貿易拡大を通じて高い所得と雇用水

　　　準の実現をめざす

・IMF協定

　加盟各国の通貨は，1オンス＝35ドルで〔⑦　　　　　〕との交換が可能

　〔⑧　　　　　　　　　　　〕

　　　　…為替相場の変動幅を平価の上下1％以内に定める

　➡アメリカの通貨ドルが〔⑨　　　　　　　　　〕に

固定相場制から変動相場制へ ●

・1960年代　アメリカの国際収支悪化

　⎧アメリカの貿易黒字減少（日・欧の経済復興による）

　⎨〔⑩　　　　　　　　　　　　〕などの対外軍事支出，対外経済援助費，

　⎩対外投資の増加など

　➡外国の中央銀行などの保有ドル総額がアメリカの金準備の総額をこえる

　➡ドルへの信認低下

　➡IMFが〔⑪　　　　　　　　　〕（SDR）創設➡ドル下落とまらず

・1971年　アメリカは〔⑫　　　　　　　　　　　　　〕

　　　　　　　（〔⑬　　　　　　　　　　　　〕）

　1973年　主要各国通貨は〔⑭　　　　　　　　　　　〕へ移行

・為替相場安定の課題…各国協調の政策が重要

　1980年代前半　アメリカは貿易赤字と財政赤字という

　　　　　　　　　「〔⑮　　　　　　　　　〕」に悩まされる

　1985年　G5で〔⑯　　　　　　　　〕成立：ドル高是正のため協調介入

　➡その後も，G5にイタリア・カナダを加えた〔⑰　　　　　　〕，G20などで

　　政策協議

　　G20は，〔⑰〕に中国やインドなど新興国が加わる

---

①＿＿＿＿＿＿＿＿＿＿

②＿＿＿＿＿＿＿＿＿＿

③＿＿＿＿＿＿＿＿＿＿

④＿＿＿＿＿＿＿＿＿＿

⑤＿＿＿＿＿＿＿＿＿＿

⑥＿＿＿＿＿＿＿＿＿＿

⑦＿＿＿＿＿＿＿＿＿＿

⑧＿＿＿＿＿＿＿＿＿＿

⑨＿＿＿＿＿＿＿＿＿＿

⑩＿＿＿＿＿＿＿＿＿＿

⑪＿＿＿＿＿＿＿＿＿＿

⑫＿＿＿＿＿＿＿＿＿＿

⑬＿＿＿＿＿＿＿＿＿＿

⑭＿＿＿＿＿＿＿＿＿＿

⑮＿＿＿＿＿＿＿＿＿＿

⑯＿＿＿＿＿＿＿＿＿＿

⑰＿＿＿＿＿＿＿＿＿＿

>>>〔①〕
自国と友好国・植民地を高
い関税障壁で保護し，他の
地域からの輸入を締めだす
閉鎖的な経済圏。（→教
p.140❶）

GATTからWTOへ

・GATT…貿易における自由・無差別の原則

　多角的貿易交渉（[⑱　　　　　　　]）

　　…関税引き下げや輸入制限撤廃を多国間で協議

　➡［⑲　　　　　　　］を推進

　　※輸入急増に対する一時的な緊急輸入制限＝セーフガード

　　市場取引価格より低い価格での輸出

　　　…［⑳　　　　　　　　］（不当廉売）として制裁対象

・第8回［㉑　　　　　　　　　　　］

　　　…サービス，知的財産権，農産物などの自由化を協議

・1995年　WTO（[㉒　　　　　　　　　　]）発足

　　　　GATTとの差異…貿易紛争処理のルールと決定機構をもつ

・2001年〜　[㉓　　　　　　　　　]（ドーハ開発アジェンダ）

　　　…先進国と新興国（中国・インドなど）の対立深刻化

　➡2011年　包括合意断念へ

⑱ _____

⑲ _____

⑳ _____

㉑ _____

㉒ _____

㉓ _____

正誤問題 　次の文が正しい場合には○，誤っている場合には×を（　）に記入しなさい。

1．ブレトンウッズ協定による戦後のIMF（国際通貨基金）は，金とドルの交換，ドルの基軸通貨，変動為替相場制などを主な特徴としていた。　　　　　　　　　　　　　　　　　　　（　　　　）

2．輸入制限が撤廃された品目でも，輸入急増による国内産業の被害軽減を目的とする一時的な輸入制限は，セーフガードとして認められている。　　　　　　　　　　　　　　　　　　　（　　　　）

3．世界貿易機関（WTO）は，協定であったGATTとは異なり，貿易紛争処理のルールと決定機構をもつより強力な国際機関となった。　　　　　　　　　　　　　　　　　　　　　　　（　　　　）

4．ドーハラウンドでは，農産物や鉱工業製品の貿易自由化などをめぐり，先進国と中国・インドなどの新興国との間で，協議がまとまった。　　　　　　　　　　　　　　　　　　　　（　　　　）

Work 　教科書p.140資料2「円相場の推移」を参考にして，円相場がどのように変化してきたのか，下の表の各事項後の円相場の説明として正しいものを選択肢から選び記号で答えなさい。

年	事項名	記号
1971	ニクソン・ショック	
1985	プラザ合意	
1995	WTO発足	
2001	ドーハラウンド開始	
2008	世界金融危機	

ア．1ドル120円前後の水準を推移した。

イ．急激な円高で1ドル300円に近づいた。

ウ．20世紀中の最高値1ドル79円台を記録した。

エ．1年で円高が100円ほど進んだ。

オ．1ドル100円台を突破し，3年後には再び70円台を記録した。

❷ 国際経済の動向

▶教科書 **p.142～143**

① _____

② _____

③ _____

④ _____

⑤ _____

⑥ _____

⑦ _____

⑧ _____

⑨ _____

⑩ _____

⑪ _____

⑫ _____

⑬ _____

⑭ _____

⑮ _____

⑯ _____

⑰ _____

▐ 地域的経済統合の動き ◖

・多角的貿易交渉 ⇔ 地域主義も拡大

　経済統合…一般に，FTA（［①　　　　　　　　　　　　　　］）→関税同盟

　　　　　　　→［②　　　　　　　　　　　　　　］へと進む

・ヨーロッパ：1960年代に関税同盟完成…［③　　　　　　］（欧州共同体）

　➡1992年末までに，ヒト・モノ・カネ・サービスの自由な移動を実現する［②］

　　を達成

　➡［④　　　　　　　　　　　　　　　　　］（1993年発効）

　　　…［③］が［⑤　　　　　　　］（欧州連合）に発展

　➡共通通貨［⑥　　　　　　　］導入（1999年）

　　欧州中央銀行（［⑦　　　　　　　　］）に金融政策は一元化

・EU統合の揺らぎ…加盟国間の経済格差や財政赤字の拡大

　［⑧　　　　　　　　　　］国債への債務不履行（［⑨　　　　　　　　　　　］）の

　懸念➡欧州経済全体への信用不安の拡大

　［⑩　　　　　　　　　］からの難民流入による各国の動揺

・イギリスのEU離脱

　2016年の国民投票の結果，EU離脱を選択➡2020年離脱

　二国間，多国間の協定を模索中…2020年 日英EPA署名

・二国間や地域内でのFTA締結の増加

　ⅰ）北米：NAFTA（北米自由貿易協定）1994年誕生

　　　　　　…アメリカ，カナダ，メキシコによる

　　　➡2020年 ［⑪　　　　　　　　　　　］（アメリカ・メキシコ・カナダ協定）へ

　ⅱ）南米：［⑫　　　　　　　　　　　］（南米南部共同市場）1995年誕生

　ⅲ）アジア：ASEAN（［⑬　　　　　　　　　　　　　　　　　］）

　　　➡AEC（［⑭　　　　　　　　　　　　　　　　　　　］）2015年末設立

　　　　　　　…市場統合と域内格差是正をめざす

　　　　　　RCEP（地域的な包括的経済連携）2020年署名

　　　　　　…日本や中国を含む15か国によるメガFTA

　ⅳ）環太平洋地域：

　［⑮　　　　　　　　　］（アジア太平洋経済協力会議）1989年創設

　［⑯　　　　　　　　］（環太平洋パートナーシップ協定）2006年交渉開始

　　　➡2018年にCPTPPとして発効

▐ 日本のFTA／EPA ◖

・2002年 シンガポールと［⑰　　　　　　　　　］（経済連携協定）を締結

　2019年 EUとの［⑰］が発効，日米貿易協定の合意

・期待と懸念

　原産地規則の扱いや各種手続きの統一による部品や中間財の輸出増加

　農産物の輸入自由化による日本の農業の衰退や食糧自給率の低下

　次の文が正しい場合には○，誤っている場合には×を（　）に記入しなさい。

1．FTA（自由貿易協定）は特定の国や地域の間で貿易の自由化を進めようとするもので，地域主義の傾向があるため，1990年代以降締結が減少している。　　　　　　　　　　　　　　　　　（　　　）

2．EU（欧州連合）は，共通通貨ユーロを導入し金融政策を一元化するなど市場統合を着実に高めてきたが，加盟国間の経済格差や財政赤字の拡大などの問題が生じている。　　　　　　　　（　　　）

3．ギリシアで深刻化した財政赤字問題は，その後アイルランド，ポルトガル，スペイン，イタリアなどにも波及し，ユーロ高が生じた。　　　　　　　　　　　　　　　　　　　　　　　　　（　　　）

4．EPA（経済連携協定）は，FTA（自由貿易協定）のような貿易の自由化のみでなく，人・資本・情報の交流などより広い分野を対象とする。　　　　　　　　　　　　　　　　　　　　　　（　　　）

5．TPP（環太平洋パートナーシップ協定）では，シンガポール・オーストラリアなどの諸国とともに中国も自由化交渉を進めている。　　　　　　　　　　　　　　　　　　　　　　　　　　（　　　）

Work　教科書p.143資料④「地域的経済統合」を参考に次の図の空欄a～eに適する略語を記し，またその語句の説明文として適当なものの番号を記しなさい。

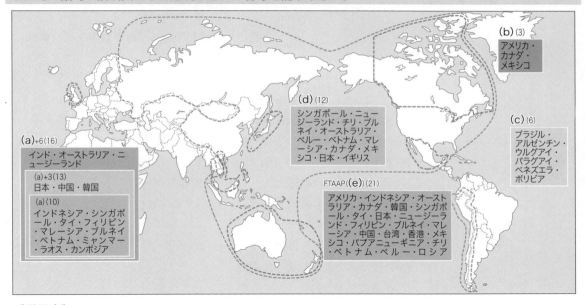

《説明文》

1．南米で，1995年に関税同盟として発足したもので，南米南部共同市場という。

2．東南アジア諸国連合といい，10か国で構成され，関税同盟をめざし自由貿易協定（AFTA）を形成した。

3．アジア太平洋経済協力会議といい，日米を含め1989年に発足し，FTAAPの実現もめざしている。

4．北米で，アメリカ・カナダ・メキシコにより貿易・投資の自由化をめざして形成された北米自由貿易協定に代わって2020年に発効した。

5．環太平洋諸国が，広範な分野で高次元の自由化をめざす取り決め。2018年に発効した。

a	
b	
c	
d	
e	

❸ 新興国の台頭　　　　　　　　　　　　　　▶教科書 **p.144〜145**

①＿＿＿＿＿＿＿＿＿＿

②＿＿＿＿＿＿＿＿＿＿

③＿＿＿＿＿＿＿＿＿＿

④＿＿＿＿＿＿＿＿＿＿

⑤＿＿＿＿＿＿＿＿＿＿

⑥＿＿＿＿＿＿＿＿＿＿

⑦＿＿＿＿＿＿＿＿＿＿

⑧＿＿＿＿＿＿＿＿＿＿

▌中国の成長と課題

・1978年　「〔①　　　　　　　　　〕」政策

　　　　　　　…沿岸部の経済特区に外資を導入して成長

　　　　　　　➡「〔②　　　　　　　〕」に

　2001年　WTO加盟

　2009年　輸出額で世界第1位に

　2010年　GDPで日本をぬき世界第2位に

　2013年　「〔③　　　　　　　〕」構想を提唱

　　　　　　　…圏内のインフラを中国主導で整備するねらい

　　　　　　　➡〔④　　　　　　　　　　　　　　〕（AIIB）

　　　　　　　　　：「〔③〕」圏内の国にインフラ開発資金を提供する機関

　　　　　　　➡多額の融資を受けて返済不能に陥る国が続出

　　　　　　　　　「債務の罠」：スリランカ，モルディブ，ジブチなどでの港

　　　　　　　　　　　　　　　　湾の運営権が中国へ譲渡されるなどの事態

　2015年　「〔⑤　　　　　　　　〕」

　　　　　　　…半導体の国内自給率を上げ，2049年までに世界のトップ

　　　　　　　　製造強国をめざすという宣言

　　　　　　➡アメリカは中国製品の輸入関税の引き上げ，中国の通信機器大手から

　　　　　　　の設備輸入の禁止などで対抗

　　　　　　➡米中貿易摩擦（米中「新冷戦」）の激化

　2020年　「国家安全維持法」…香港の治安維持が目的

　　　　　　　➡「〔⑥　　　　　　　〕」の形骸化への批判が高まる

【中国の課題】

・生産年齢人口の減少と賃金上昇

　　　➡外国からの直接投資が先細り

　　　　経済成長率の鈍化

・都市依存成長による地方政府，国営企業，家計の3大債務の膨張

・個人情報の収集による管理社会化への懸念

▌インドの成長と課題

・1991年　経済改革による自由化…国営企業の民営化が進む

　　　　➡ソフト開発やコールセンター（電話対応）業務を海外から受託する

　　　　〔⑦　　　　　　　　　〕が発展

　　　　➡重要な外貨獲得の手段に

　2014年　「〔⑧　　　　　　　　　　　　〕」政策

　　　　　　　…農村部に製造業を定着させて雇用創出をめざす

　　　　　　→製造業比率をGDPの60%にする目標（30%に届かない）

【インドの課題】

・複雑な社会構造，貧困や識字率の低さ，環境汚染，インフラ整備の遅れ

正誤問題 　　次の文が正しい場合には○，誤っている場合には×を（　）に記入しなさい。

1．中国は，1978年の「改革・開放」政策以降，沿海部の経済特区に外資を導入して成長し，「世界の工場」となった。　　　　　　　　　　　　　　　　　　　　　　　　　　　　　　　　　　　　　　　（　　　）

2．中国は，「一帯一路」圏内の国にインフラ開発資金を提供する機関として，2015年に世界銀行を設立した。　　　（　　　）

3．2020年に香港で導入された「国家安全維持法」によって，「一国二制度」がより強固なものとなった。　　（　　　）

4．インドでは，国内企業においてソフト開発やコールセンター業務を本体業務と分離するオフショアリングが発展している。　　　　　　　　　　　　　　　　　　　　　　　　　　　　　　　　　　　　　　（　　　）

5．2014年に打ち出された「メイク・イン・インディア」政策によって，インドの製造業比率はGDP比で60%に達している。　　　　　　　　　　　　　　　　　　　　　　　　　　　　　　　　　　　　　（　　　）

Work　次のグラフは，日本，アメリカ，中国，インドの各国のGDPの変化を示したものである。a〜dの各グラフが，それぞれどの国を示しているか。

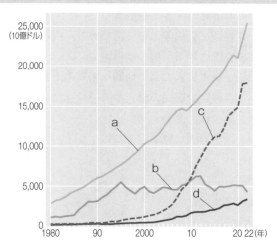

a	
b	
c	
d	

✓ Check　教科書p.145資料**3**「アメリカと中国の経済成長率・経常収支・ジニ係数の推移」　21世紀にはいってからの両国の経済状況にはどのような違いがみられるだろうか，読み取ってみよう。読み取れる内容として正しいものを，次の①〜⑤からすべて選びなさい。

①　アメリカの経常収支は赤字が続いているのに対して，中国の経常収支は黒字が続いている。

②　アメリカ，中国ともジニ係数は上昇し続けており，格差の拡大傾向が続いている。

③　アメリカがマイナス成長をした年があるのに対して，中国はマイナス成長をした年がない。

④　アメリカは，2008年のリーマン・ショックの影響を受けて経済成長率が大きく低下したときに，格差もあわせて大きく拡大している。

⑤　中国は，2000年代に入ってから経済成長率が上昇するのにあわせて，格差も拡大したが，その後成長が鈍化すると格差の拡大傾向は見られなくなった。

❹ 経済のグローバル化とICTでかわる世界経済　▶教科書 p.146〜147

①＿＿＿＿＿＿＿＿

②＿＿＿＿＿＿＿＿

③＿＿＿＿＿＿＿＿

④＿＿＿＿＿＿＿＿

⑤＿＿＿＿＿＿＿＿

⑥＿＿＿＿＿＿＿＿

⑦＿＿＿＿＿＿＿＿

⑧＿＿＿＿＿＿＿＿

⑨＿＿＿＿＿＿＿＿

⑩＿＿＿＿＿＿＿＿

⑪＿＿＿＿＿＿＿＿

▎グローバル化する経済

・〔①　　　　　　　　　〕

　　　　：最適な場所を求めた，ヒト，モノ，カネ，情報の国境をこえた移動

　　〔②　　　　　　　　　　　〕…低賃金労働力・市場・資源を求めて国境をこえる

　　労働者…よりよい雇用条件を求めて国際的に移動（移民）

　　モノの移動（国際貿易）の急増

・1980年代〜　　金融活動の規制緩和による資本移動の地球規模の拡大

　　　　　　　〔③　　　　　　　　　　〕の活動も活発化

　1990年代以降　国際通貨危機の頻発

　　　　　　　　…イギリスでの通貨危機（1992年）

　　　　　　　　〔④　　　　　　　　　　〕（1997年）

　2008年　　　　〔⑤　　　　　　　　　　〕の発生

　　　　　　　　…米国発の世界金融危機

・格差の拡大の問題…先進国・新興国ともに富裕層の所得増大

　　　　　　　　　先進国の中所得層の所得減少

・グローバル化の一側面…資本流入による地価や家賃の上昇

　　　　　　　　　　　移民や難民の流入への排斥運動

　　　　　　　　　　　テロの多発

　　　　　　　　　　　世界的な感染症の流行　など

▎グローバル化とICT

・〔⑥　　　　　〕（情報通信技術）

　　…1990年代から普及

　　グローバル化を加速させ，国際社会のシステムを塗り替えつつある

・5Gによる〔⑦　　　　　〕の本格化

・〔⑧　　　　　　　　　　　　　〕の台頭

　　…サービスを無償もしくは安価で提供することでユーザーを増やし，

　　ユーザーからのデータを独占的に収集してサービスに活用

　　→IoTデバイスからの多種多様なデータ（〔⑨　　　　　　　　　〕）

　　　を〔⑩　　　〕（人工知能）を活用して分析し，新たな富の源泉に

・一部の〔⑧〕による市場の独占化や，世界的に問題視される一部企業のあり方

　　➡規制強化の動きが加速

・〔⑪　　　　　　　　　　　〕に拠点をおいた〔⑧〕による課税逃れ

・情報サービス自体に課税するデジタル課税の検討

・〔⑩〕によって代替される労働者の失業問題や低所得化

次の文が正しい場合には○，誤っている場合には×を（　）に記入しなさい。

１．ヒト，モノ，カネ，情報が最適な場所を求め国境をこえて移動するグローバル化は，第二次世界大戦後から進んだ。　　　　　　　　　　　　　　　　　　　　　　　　　　　　（　　　）

２．グローバル化により，先進国・新興国の富裕層の所得の増大，先進国の中所得層の所得減少など，格差が拡大している。　　　　　　　　　　　　　　　　　　　　　　　　　　　　　（　　　）

３．一国の経済規模を越えるような収益を上げる多国籍企業はプラットフォーム企業と呼ばれる。
　　　　　　　　　　　　　　　　　　　　　　　　　　　　　　　　　　　　　　　（　　　）

４．AI（人工知能）の普及によって，労働者の失業問題や低所得の問題が解決されつつある。（　　　）

Work 次のグラフは，世界の所得分布ごとの所得増加率を示したものである。図中のa〜cに当てはまるものを，語群から選びなさい。

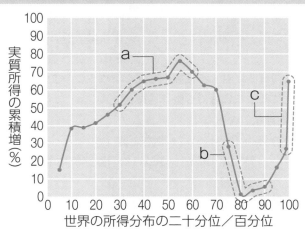

【語群】
先進国富裕層
先進国中間層
新興国富裕層
新興国中間層

a	
b	
c	

☑Check 教科書p.146 資料1「主要な労働力移動の流れ」を教科書p.2 「一人あたりGNI」と比較して，労働力移動の関係を読み取った内容として正しいものを，次の①〜⑤からすべて選びなさい。

①　高所得国の熟練労働者の，下位中所得国や低所得国への南北移動が見られる。

②　単純労働者は，より一人あたりの所得が高い国や地域へ南北移動する傾向が見られる。

③　低所得国では，域内での大きな労働力移動はあまり見られない。

④　経済難民を多く受け入れている国や地域は，高所得国が多く，これらの国や地域からは，労働者の移動は見られない。

⑤　経済難民の出発地は，すべて低所得国もしくは下位中所得国である。

❺ 発展途上国の課題と展望　　　　　　　　　　▶教科書 p.148〜149

①＿＿＿＿＿＿＿＿＿＿

②＿＿＿＿＿＿＿＿＿＿

③＿＿＿＿＿＿＿＿＿＿

④＿＿＿＿＿＿＿＿＿＿

⑤＿＿＿＿＿＿＿＿＿＿

⑥＿＿＿＿＿＿＿＿＿＿

⑦＿＿＿＿＿＿＿＿＿＿

⑧＿＿＿＿＿＿＿＿＿＿

⑨＿＿＿＿＿＿＿＿＿＿

⑩＿＿＿＿＿＿＿＿＿＿

⑪＿＿＿＿＿＿＿＿＿＿

⑫＿＿＿＿＿＿＿＿＿＿

発展途上国の独立とモノカルチャー経済

・〔①　　　　　　　　　　　　　　　〕

　　：植民地時代に強いられた，少数の一次産品に依存する経済

　　　→独立後，工業化をはかるが進まず

UNCTADの設立と南北問題

・発展途上国…結束して国際経済秩序の変革および，工業化と経済発展をはかる

　　┌ 1960年　産油途上国が〔②　　　　　　　　　　〕（OPEC）結成

　　│ 1964年　〔③　　　　　　　　　　〕（UNCTAD）設置

　　│ 1974年　「〔④　　　　　　　　　　〕（NIEO）樹立に関する宣言」

　　└　　　　　国連で採択…資源国有化の権利，多国籍企業の規制など

・1970年代　〔⑤　　　　　　　　　　　〕高揚。

　　　　　　　…自国資源に対する主権の確立を求めるこの主張は，〔④〕樹

　　　　　　　　立に関する宣言にも盛り込まれた

　OPEC諸国による石油産業の国有化

　　…二度の原油価格高騰は世界経済に大きな影響〔⑥　　　　　　　〕

・〔⑦　　　　　　　　　　〕…発展途上国がつきつけた国際経済秩序の変革をめぐる問題

アジアNIEsの経済発展と南南問題

・中南米の〔⑧　　　　　　　　　　　〕（NIEs）など

　　…開発資金の利子負担の増大や，一次産品価格の低迷

　　　➡債務不履行（デフォルト）におちいり，累積債務問題が表面化

・アジア〔⑧〕は，1970年代以降急速な工業化 ➡ 先進国の仲間入り

　東南アジア諸国や中国・インドも工業化 ➡ 所得と生活の向上

・サハラ以南のアフリカ諸国

　〔⑨　　　　　　　　　　〕（LDC）

　　　…人間としての基本的な必要(ベーシック・ヒューマン・ニーズ(BHN))

　　　を満たせず絶対的貧困や飢餓に苦しむ国

・〔⑩　　　　　　　　〕：途上国間でひろがる経済格差

絶対的貧困の撲滅に向けて

・〔⑪　　　　　　　　〕

　　：1日2.15ドル未満の収入で生活している人々

　　　減少傾向にあるが，人口の約9%（6.9億人）いる（2018年）

・「〔⑫　　　　　　　　　　　〕（SDGs）」

　　…地球上のすべての国が開発や環境に関して達成すべき目標

　　　2030年までの達成がめざされている

正誤問題　　　次の文が正しい場合には○，誤っている場合には×を（　）に記入しなさい。

１．モノカルチャー経済を強いられている国の多くは，政治的に独立できていない。　　（　　　）

２．先進国との経済的格差の是正のために，IMF・GATT体制が構築された。　　（　　　）

３．自国の資源に対する主権の確立を求める資源ナショナリズムは，1970年代に高揚した。（　　　）

４．UNCTADの設立や，「新国際経済秩序樹立に関する宣言」の採択によって，発展途上国間の結束が高まり，格差は完全に解消した。　　（　　　）

５．衣食住や衛生条件など，人間としての基本的な必要を満たせず，飢餓に苦しむ国が依然として存在している。　　（　　　）

６．開発や環境に関して達成すべき目標である「SDGs」は，発展途上国や後発発展途上国の義務として採択された。　　（　　　）

Work　①教科書p.148〜 p.149の下段にある図表を参考にして，以下の問いに答えなさい。

問１　資料①「モノカルチャー経済」において，以下の国のモノカルチャー経済の特徴を示す，グラフ上で第１位と第２位の輸出品を記しなさい。

	第１位	第２位
ボツワナ		
ナイジェリア		

問２　資料②「世界の国・人口・国民所得（GNI）の分布」において，（1）低所得国の定義は１人あたりGNIが何ドル以下とされているか。またその額は１ドル100円換算だと何円になるか。（2）高所得国の定義は１人あたりGNIが何ドル以上とされているか。またその額は１ドル100円換算だと何円になるか。

(1)	ドル以下	円以下	(2)	ドル以上	円以上

②教科書p.149資料④「１日2.15ドル未満で生活する人々」を読み取り，以下の①〜③の説明文に該当する地域を語群から選びなさい。

①　この地域は，1990年から2018年にかけて，１日2.15ドル未満で生活する人の数が10分の１以下になっている。

②　この地域は，1990年と2018年を比べると，１日2.15ドル未満で生活する人の数そのものは大きく減っているが，全体に占める割合はそれほど変化していない。

③　この地域は，１日2.15ドル未満で生活する人の数が，1990年から2018年にかけて，１億人以上増加している。

【語群】サハラ以南アフリカ　　南アジア　　東アジア・太平洋　　ヨーロッパ・中央アジア

①		②	
③			

❻ 地球環境問題，資源エネルギー問題　　　　▶教科書 p.150〜151

①_____

②_____

③_____

④_____

⑤_____

⑥_____

⑦_____

⑧_____

⑨_____

化石燃料の大量消費とその理由
・〔①　　　　　　　　　　　〕…いずれも自然界に存在

　　〔②　　　　　　　　　〕：石炭，石油，天然ガス

　　　　　…企業や個人が直接使用可能で，貯蔵も容易

　　　原子力

　　　再生可能エネルギー：風力，水力，太陽光，地熱，バイオマス　など

　　　　…バイオマス以外は，電気の形にしないと使用できない

・〔③　　　　　　　　　　　〕

　　　　…〔①〕から得られるガソリンや電力など

・世界の〔①〕消費量は20世紀なかばから激増

　　　　…大半は〔②〕でまかなわれており，消費量の4割弱は発電に使われている

パリ協定と持続可能な開発目標
・〔②〕の弱点…燃焼時に〔④　　　　　　　　　　〕であるCO₂（二酸化炭素）

　　　　　　　を多く発生させ，〔⑤　　　　　　　　〕の主因となる

　　　　　　→脱炭素社会の形成が重大な課題

・〔⑥　　　　　　　　　〕2015年採択

　　　【目標】

　　　温室効果ガスの排出量を21世紀後半の早い時期に実質ゼロにする

　　　産業革命前からの気温上昇を2℃未満におさえる

・〔⑦　　　　　　　　　　　　　　〕（SDGs）

　　　…2030年までに，地球上からの貧困と飢餓の撲滅，健康と福祉の推進，

　　　きれいな水と衛生へのアクセス確保　などをめざす

　　　　→化石燃料抜きでは達成が非現実的なので，脱炭素社会との両立が課題

「負の排出」頼みのパリ協定
・〔⑧　　　　　　　〕（CO₂回収・貯留）：CO₂を回収し，地下に埋める

　　　…すでに一部で実用化されているが，広範な実証実験と普及が急がれる

　　　　→これだけでは不十分

・〔⑨　　　　　　　　　　　　　　〕（負の排出）

　　　：大気中に排出・蓄積されたCO₂を回収・吸収

・〔⑥〕がめざす「排出量が実質ゼロの状態」：排出量＝回収・吸収量

　　　…2℃の目標には実質ゼロの実現では不十分

　　　　→回収・吸収量＞排出量の維持がほぼ必須だが，方法と展開は不確実

正誤問題 　次の文が正しい場合には○，誤っている場合には×を（　）に記入しなさい。

1．一次エネルギーには再生可能エネルギーも含まれる。　　　　　　　　　　　　　　（　　　　）

2．化石燃料は安全性の問題から，個人が直接使うことはできないため，電力会社が電気の形にしたものを利用する必要がある。　　　　　　　　　　　　　　　　　　　　　　　　　　　　（　　　　）

3．化石燃料は，その特性から運輸部門の動力源としてだけではなく，産業部門でも製造過程や原材料として多く必要とされている。　　　　　　　　　　　　　　　　　　　　　　　　　　　（　　　　）

4．パリ協定では，温室効果ガスのうち，特に影響の大きい二酸化炭素のみが削減対象となっている。
　　　　　　　　　　　　　　　　　　　　　　　　　　　　　　　　　　　　　　　（　　　　）

5．二酸化炭素を地下に埋めるCCSは，まだ実用化されていない。　　　　　　　　　　（　　　　）

Work　**1**教科書 p.150 の内容を参考に，エネルギーについて説明した次の文章の〔ア〕～〔キ〕に当てはまるものを，下の語群から選んで書きなさい。

　エネルギーの供給源は，〔ア　　　　　　　〕，原子力，再生可能エネルギーに大別され，いずれも自然界に存在するため〔イ　　　　〕エネルギーという。

　〔ア〕には，石炭，石油，〔ウ　　　　　　　〕があり，再生可能エネルギーには，風力，水力，地熱，〔エ　　　　　　〕，〔オ　　　　　　　〕などがある。再生可能エネルギーのうち，〔オ〕は，電気の形にしなくても利用することができる。

　また，一次エネルギーから得られる〔カ　　　　　　　〕や電力などは〔キ　　　　　〕エネルギーと呼ばれる。

【語群】　太陽光　　化石燃料　　バイオマス　　天然ガス　　ガソリン　　一次　　二次

2教科書 p.150 資料**1**「世界の一次エネルギー消費量の推移」を参考に，以下の文章のうち正しいものを１つ選びなさい。

①　原子力の割合は，90年代以降は再生可能エネルギーを上回ったが，近年再び下回った。

②　1950年代以降は，石油の割合が石炭より多くなっている。

③　再生可能エネルギーの割合は2000年代以降水力の割合を上回っている。

④　化石燃料の使用量は水力や原子力が使われ始めてからは減少傾向にある。

3教科書 p.151 資料**4**「世界のCO_2排出量の実質ゼロからマイナスへの移行」を見て，以下の文章の〔ア〕～〔ウ〕に適語を書きなさい。

　2030年頃からはネガティブ・エミッションによる回収・吸収が本格化した場合，「〔ア　　　　　　　〕などによる排出量」から，「実現させる〔イ　　　　　　　　〕」を引いたものが，グラフ中に示される「〔ウ　　　　　　　〕」となる。さらに「〔ア〕などによる排出量」の削減や，ネガティブ・エミッションが進むことで，2070 年頃からは「〔ウ〕」がマイナスとなり，グラフ中に斜線で示される，「純粋な〔イ〕」が発生することになる。

❼ 経済協力と日本の役割　　　　　　　　　　　▶教科書 p.152〜153

① _____

② _____

③ _____

④ _____

⑤ _____

⑥ _____

⑦ _____

⑧ _____

⑨ _____

途上国の開発と援助

・途上国の開発に影響を及ぼす海外からの資金

┌ 外国企業による直接投資
│ 国際市場からの調達
│ 〔①　　　　　　　　　　　〕（ODA）
│　…〔②　　　　　　　　〕（経済協力開発機構）の〔③　　　　　　　　　　　　〕
└　　（DAC）がODAの要件を定める

・ODA ┌ 二国間援助 ┌ 〔④　　　　　　〕（無償資金協力や技術協力）
　　　　│　　　　　　│　…返済義務がない
　　　　│　　　　　　└ 〔⑤　　　　　　〕（有償資金協力）
　　　　│　　　　　　　　…返済義務がある
　　　　└ 多国間援助…国際機関への拠出

日本のODAとその課題

・日本のODA額（実績額）…1991年〜2000年まで世界1位。その後，落ちる

・日本のODAの特徴…対GNI比率や，ODA総額に占める〔④〕比率が低く，
　　　　　　　　　　　産業基盤整備に重点的に配分されてきた

・ODA大綱…日本のODA政策を定めてきたもの
　➡2015年〔⑥　　　　　　　　〕に改定
　　　　…官民の連携による開発協力の重視
　　　　　普遍的な価値の共有や公正な開発をめざす
　　→協力を通じた日本の国益確保。対象国の軍の非軍事的活動への支援可能
　　　…理念の変質を問う声あり

・〔⑦　　　　　　　　　　〕
　　…1965年に発足し，ボランティアを世界各地に派遣
　　「国民が参加する国際協力」として世界に貢献

アフリカ経済

・〜1960年代　多くの国が独立を果たすが，飢饉や貧困，内戦にみまわれる
　1980年代〜　経済が停滞
　2000年代　アフリカ全体で5％以上の経済成長率を達成
　　　　　　…主な輸出品である原油の価格高騰による輸出量の増加
　2010年代　成長率が鈍化するが，かつてほどの落ち込みはない
　　　　　　…ICTと金融分野で成長が著しい

・最後の巨大市場として世界の注目を集める
　　→貿易や投資の対象になりにくい保健や，医療，教育などの分野も多く存在

・人口急増に対して農業生産性が低く，〔⑧　　　　　　　　〕の低下が課題

・〔⑨　　　　　　〕（アフリカ開発会議）
　　…1993年より日本が国連などと共同開催
　　貿易や投資から，保健，教育，農業水準の向上まで多岐にわたる支援策

正誤問題 次の文が正しい場合には○，誤っている場合には×を（ ）に記入しなさい。

1．発展途上国への援助は，OECDの開発援助委員会が，ODAの要件を定めてうながしてきた。

（　　　　）

2．ODAの日本語名称は，政府資金援助である。　　　　　　　　　　　　　　　　（　　　　）

3．日本のODAは，これまで産業基盤整備よりも生活関連分野への援助に重点的に配分されてきた。

（　　　　）

4．開発協力大綱では，旧大綱の理念からの変質を懸念する声をふまえて，たとえ非軍事的活動であっても，対象国の軍に対する支援は可能になっていない。　　　　　　　　　　　（　　　　）

Work 教科書p.153の「アフリカの成長率」（上）および本文を参考にして，次の問いに答えなさい。

問1 グラフからみて，アフリカの実質GDP成長率は先進国に比べて高いか低いか。

問2 上記本文を参考に，下の文の〔ア〕〜〔エ〕に語群から適語を選んで書きなさい。

・2000年代にはいってからアフリカ全体で年平均4〜5％の経済成長率を達成。こうした経済成長の背景には出稼ぎ労働者からの送金や，都市部労働者の所得増加による〔ア　　　　　　〕の高まりもある。

・とくに成長の著しい分野は〔イ　　　　　　〕と金融である。

・アフリカは，以前は旧宗主国との関係が中心だったが，こんにちでは〔ウ　　　　　〕，インド，韓国などとの関係も深めている。特に〔ウ〕はアフリカにとって最大の輸出先である。

・〔エ　　　　　〕億人以上の人口をもつアフリカは，最後の巨大市場として世界の関心を集めている。

【語群】　日本　　中国　　ICT　　AI　　消費需要　　投資需要　　20　　13

✓Check ①教科書p.152資料①「主要国のODAの実績額推移と対GNI比率」　日本経済の現状と課題を教科書p.84-86，108でふり返りながら，日本のODA額が伸び悩んでいる背景を考えてみよう。次の①〜④のうち，背景として考えられないものをすべて選びなさい。

① 1990年代のバブル崩壊後，日本経済は長期不況に見舞われ，成長率の低迷が続いているから。

② ODAの援助に対して，効果や結果がほとんどみられないから。

③ 日本のODAはアジア諸国が中心だが，アジア諸国の発展によって援助や支援が不要になりつつあるから。

④ 2015年の開発協力大綱で，資金援助や技術協力から，青年海外協力隊などのボランティア活動を中心とすることが定められたから。

②　①に関連して，ODA額の長期低迷はどのような影響をもたらすだろうか。「国際社会における影響力」の観点をふまえながら，次の①〜③のうち，影響として考えられるものを一つ選びなさい。

① 国際社会から日本を排除しようとする動きが生まれる。

② 日本に対する信頼や日本の地位がゆらぐことで，国際社会での発言力などが低下する。

③ 日本からの援助が行き届かない国が増え，そうした国が経済的に深刻な状況に陥る。

| 第1章　国際政治の動向と課題 | ▶教科書 **p.120〜135** |

❶三十年戦争を終わらせるために締結された条約。主権国家の集合体としての国際社会が形づくられるきっかけとなった。　❶

❷「国際法の父」とされる16世紀から17世紀にかけて活躍したオランダの法学者。『戦争と平和の法』をあらわす。　❷

❸国連の常設司法機関だが，裁判には当事国の同意が必要。　❸

❹戦争の恐怖や飢餓，差別や貧困，環境破壊など人間一人ひとりの安全をおびやかすものへの対処に重点をおいた安全保障の考え方。　❹

❺国際平和を維持する主要な責任を担う国連の機関。決定には，5大常任理事国の一致が必要。　❺

❻紛争地域の治安維持や停戦監視，選挙の監視などを目的としておこなわれる活動。略称PKO。　❻

❼2001年，国際テロ組織アルカイダがハイジャックした旅客機がニューヨークの高層ビルなどに激突した事件。　❼

❽2003年，大量破壊兵器を保有しているとして，米英など有志連合が対テロ戦争としておこなった軍事行動。　❽

❾2010年末のチュニジアでの民衆蜂起をきっかけに，中東や北アフリカ地域にひろまった民主化を求める動き。　❾

❿アメリカで1950年代から60年代にかけて高まった，人種差別に抗議し，白人と同等の権利の保障を要求した運動。　❿

⓫冷戦終結後に，旧ユーゴスラビアのボスニア・ヘルツェゴビナでおこなわれた，民族間での殺戮。　⓫

⓬種族や宗教または言語を基準として，一国のなかで支配的な集団となっていない集団。　⓬

⓭核兵器による報復というおどしによって，相手の侵略行為を思いとどまらせようとする理論。　⓭

⓮1968年に成立した核兵器保有国の増加防止を目的にした条約。　⓮

⓯すべての爆発をともなう核実験を禁じた条約。コンピュータによる実験などは許されている。未発効。　⓯

⓰1951年に，連合国48か国と締結した講和条約。これにより，日本は主権を回復したが，ソ連などの社会主義諸国は調印していない。　⓰

⓱1972年に，日本が中華人民共和国を唯一の合法政府と認めた条約。これにより，日中国交が正常化した。　⓱

⓲ロシアが不法に占拠しているとして，日本が返還をもとめている領土。　⓲

重要用語を確認 ▷

　□アラブの春　□安全保障理事会（安保理）　□イラク戦争　□ウェストファリア条約
　□エスニック-クレンジング　□核拡散防止条約（NPT）　□核抑止論　□グロチウス
　□公民権運動　□国際司法裁判所　□サンフランシスコ平和条約　□同時多発テロ
　□日中共同声明　□人間の安全保障　□平和維持活動　□包括的核実験禁止条約（CTBT）
　□北方領土　□マイノリティ

第1章　国際経済理論	▶教科書 **p.136〜139**

❶イギリスの経済学者リカードが唱えた国際分業の利益についての学説で，貿易自由化の根拠となっているもの。　❶ _____

❷ドイツの経済学者で，後発国は自国産業を保護する必要があるとして，保護貿易を主張した人物。　❷ _____

❸外国との1年間の経済取引の結果を貨幣額であらわしたもの。　❸ _____

❹❸のうち，財やサービスなどの取引を示すもの。　❹ _____

❺政府・中央銀行が対外支払いのために保有している金や外貨。　❺ _____

❻貿易や資本取引により生じる国際間の支払いと受け取りを，金融機関の間で決済するさいに用いられる手形。　❻ _____

第2章　国際経済の動向と課題	▶教科書 **p.140〜153**

❶貿易の自由化を目的に1947年に締結された協定。　❶ _____

❷1971年，アメリカ大統領ニクソンが金・ドル交換停止を発表したことにより，世界経済が混乱したこと。　❷ _____

❸貿易自由化の推進をめざし，関税引き下げや輸入制限撤廃を多国間で協議すること。　❸ _____

❹1995年に設立されたGATTにかわる国際機関。貿易紛争処理の明確なルールと決定機構をもつ。　❹ _____

❺特定の国や地域の間で，関税撤廃などにより貿易自由化を進める協定。　❺ _____

❻貿易の自由化のみでなく，人や資本，情報なども対象として連携強化をめざす協定。　❻ _____

❼2013年に中国が提唱した，「陸のシルクロード」と「海のシルクロード」からなる巨大経済圏構想。　❼ _____

❽インドなどで進んでいる，ソフト開発や電話対応業務を海外から受託すること。　❽ _____

❾2008年に発生したアメリカ発の世界金融危機。　❾ _____

❿インターネット上でユーザや企業のニーズをマッチングさせるサービスを提供するGAFAやBATのような企業。　❿ _____

⓫植民地時代に強いられた，単一または少数の一次産品輸出に依存する経済。　⓫ _____

⓬産油国や一定の経済成長を実現した途上国と，貧困に苦しむ途上国との間の経済格差の問題。　⓬ _____

⓭1日を2.15ドル未満の収入で生活している人々。　⓭ _____

⓮大気中に排出・蓄積されたCO_2を吸収・回収する「負の排出」のこと。　⓮ _____

⓯日本のODA政策を定めている，ODA大綱が2015年に改訂されたもの。　⓯ _____

重要用語を確認 ▷

□一帯一路　□オフショアリング　□外貨準備　□外国為替手形　□開発協力大綱
□GATT（関税と貿易に関する一般協定）　□経済連携協定（EPA）　□経常収支
□国際収支　□自由貿易協定（FTA）　□世界貿易機関（WTO）　□絶対的貧困層
□多角的貿易交渉（ラウンド）　□南南問題　□ニクソン・ショック
□ネガティブ・エミッション　□比較生産費説　□プラットフォーム企業
□モノカルチャー経済　□リーマン・ショック　□リスト

✓ 振り返りチェック

1．教科書 p.129 本文及び時事コラム「急増する難民」を参考にして，次の文章のうち正しいものを1つ選びなさい。

ア．冷戦終了後に世界各地で発生した民族紛争により，大量の難民や国内避難民が発生した。

イ．難民の多くは北中米やヨーロッパ諸国に集中している。

ウ．難民問題の解決に向けては，国際的な機関ではなく，各国が個別に取り組んでいる。

エ．2000年台に入ってからは，国内避難民よりも難民の数の増加が著しい。

〔　　　　　〕

2．教科書 p.131を参考にして，次の文章の空欄〔 A 〕〜〔 D 〕に適語を書きなさい。

シリアでは，2011年に「アラブの春」の影響を受けてはじまった反政府デモから発展した内戦は10年に及んだ。この内戦は大量の〔 A 　　　　　 〕を生み出し，2017年には〔 B 　　　　　 〕だけで660万人にものぼった。多数の〔 A 〕は，隣国の〔 C 　　　　　 〕のほか，レバノンやヨルダン，エジプトにものがれ，〔 B 〕とあわせるとシリアの人口のおよそ半分が生活の場所を追われた。

シリア難民は周辺諸国だけではなく安定した地域を求めて〔 D 　　　　　 〕にも流入したが，難民受け入れ数をめぐる議論への反発や各国内の移民反対派の圧力もあり，門がとざされるようになっている。

☞確認しよう

1．教科書 p.155「日本の難民認定申請数と難民認定者数の推移」を参考にして，次の文章のうち正しいものを選びなさい。

ア．2010年以降，世界の難民は年々増加し，日本への難民認定申請数も毎年前年を上回っている。

イ．日本では，申請がなされれば認定後と生活保障や就労資格などの条件は変わらない。

ウ．日本の難民認定数は，難民認定申請数の増加とともに増えてきた。

エ．2019年の日本の難民認定率は，1％未満である。

〔　　　　　〕

2．教科書p.155の内容を参考に，以下のチャート図の〔 A 〕・〔 B 〕を埋め完成させなさい。

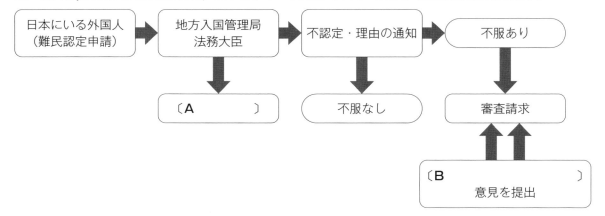

3．教科書p.155の内容を踏まえて，日本の難民政策についての現状と課題を整理してみよう。

	現　状	課　題
難民の申請と受け入れ		
難民支援		

TRY ❶今後の日本の取り組みについて考えたことを，KWLチャートでまとめてみよう。

K：知っていること	W：知りたいこと	L：学んだこと

❷日本の今後の取り組みとして，政府ではなく私たち自身ができることはないか，隣の人と意見交換してみよう。

あなたの考え

隣の人の考え

❷ 外国人労働者との共生を考える　　教科書▶ p.156

✓ 振り返りチェック

1．教科書 p.86「これからの経済社会」の内容を参考にして，次の文章のうち誤っているものを1つ選びなさい。

　ア．少子高齢化の進展によって，日本では労働人口の減少が予想されている。

　イ．定年延長や女性労働力の活用によって，日本の労働人口は増加傾向にある。

　ウ．出入国管理法の改正によって，一定の条件のもとでの外国人労働者の受け入れが拡大されている。

〔　　　　〕

2．教科書 p.146 **1**「主要な労働力移動の流れ」を見て，熟練労働者の移動と単純労働者の移動の違いを書きなさい。

☞ 確認しよう

1．外国人技能実習生はどのような業種に従事しているだろうか。外国人技能実習生を受け入れている業種を，産業別に整理してみよう。また，どのような問題が指摘されているだろうか。

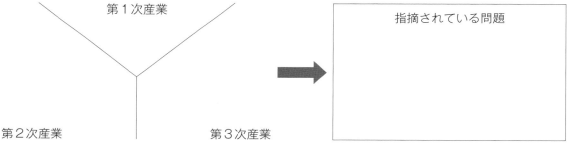

第1次産業

指摘されている問題

第2次産業　　　　第3次産業

2．教科書 p.156「外国人との共生をめざす日本社会」「韓国の事例」を参考にして，次の文章のうち<u>適当でないもの</u>を選びなさい。

　ア．在留外国人の中で，出身国として最も多いのは中国である。

　イ．2010年に技能実習制度が確立し，日本人労働力が不足する業種に技能実習生や留学生が就労するようになった。

　ウ．2019年には，新たな在留資格「特定技能」が設けられ，人数制限が撤廃された。

　エ．韓国では，韓国人と同等の権利を外国人労働者に保証する勤労基準法が制定された。

〔　　　　〕

TRY　外国人との共生をする上で，私たちはどのようなことを心がけたらよいだろうか。

あなたの考え	他の人の考え

❸ 自動運転技術を考える

✓ 振り返りチェック

教科書p.147「グローバル化とICT」の内容を参考にして,次の文章のうち正しいものを１つ選びなさい。

ア．大容量かつ高速の通信規格5Gは,機械,家電,携帯電話,輸送機器などすべてのモノがインターネットにつながるIoTを本格化させている。

イ．ICTの進展は,インターネット上でユーザーや企業のニーズをマッチングさせるGAFAやBATのようなコンピューター製造企業の台頭をうながしてきた。

ウ．IoTデバイスなどから得られるビッグデータは,人的資源を活用した分析によってさらに価値ある情報となり,それがまた新たな富の源泉となる。

〔　　　〕

確認しよう 教科書p.157「自動運転」を参考にして,次の文章のうち,正しいものを選びなさい。

ア．都市全体で機能する自動運転の交通システムを構築しないと,自動運転は実現できない。

イ．自動運転の普及は,EV（電気自動車）に搭載されている電池を,都市全体の電力システムの蓄電池として活用するなど,さまざまな社会的諸課題の解決に役立てることができる。

ウ．自動運転の分野ではIT企業の参入は禁じられており,自動車メーカーの寡占化が進んでいる。

〔　　　〕

TRY ❶自動運転技術のメリットとデメリットから,解決できる社会的な課題と新たに生み出される社会的な課題を考えてみよう。

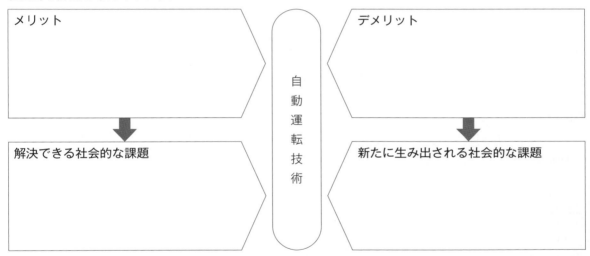

❷現在世界各地で技術開発と実証実験が行われている新しいしくみであるMaaSもしくはCASEのいずれかを選び,そのしくみがSDGsの目標達成とどのように結びついているのかを考えてみよう。

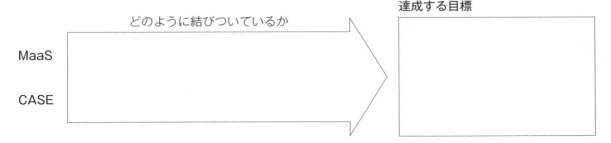

☑ 振り返りチェック

1．教科書 p.150「化石燃料の大量消費とその理由」や **1**「世界の一次エネルギー消費量の推移」の内容を参考にして，次の文章の〔 A 〕〜〔 C 〕に適語または数字を書きなさい。

〔A　　　　　〕世紀半ば以降，天然ガスや石油・石炭といった〔B　　　　　　〕の消費量が増加しているが，〔C　　　　　　　　　〕はそれほど増加していない。これは，企業や個人が直接使うことができ，貯蔵も容易であるという〔 B 〕の特性による。

2．教科書 p.150「パリ協定と持続可能な開発目標」を参考にして，次の文章のうち適当でないものを1つ選びなさい。

ア．1997年に採択された京都議定書では，途上国には温室効果ガスの削減義務が課せられなかった。

イ．2015 年のパリ協定は，温室効果ガスの排出量を，21 世紀後半の早い時期にゼロにすることを目標とし，すべての国が温室効果ガス削減に取り組むことになった。

ウ．持続可能な開発目標（SDGs）は，2030年までに，地球上からの貧困と飢餓の撲滅，保健医療を通じた健康と福祉の推進，きれいな水と衛生へのアクセス確保を，化石燃料を使わずに実現することをめざしている。

〔　　　　〕

3．教科書 p.151 **3**「日本がめざす『実質ゼロ』の取り組み」と **4**「世界の CO_2 排出量の実質ゼロからマイナスへの移行」から読み取れる内容として適当でないものを1つ選びなさい。

ア．温室効果ガスの排出量の削減には，再生可能エネルギーや水素の活用が必要である。

イ．温室効果ガスの回収・吸収量の増加には，地下貯留，再利用などの方法が考えられる。

ウ．2030年頃からネガティブ・エミッションによる回収・吸収が本格化すると想定されている。

エ．排出量−回収・吸収量がマイナスになるのは2050年頃からと想定されている。

〔　　　　〕

☞ 確認しよう

1．教科書p.158①「ネガティブ・エミッション（負の排出）」の各方法について，その内容を表にまとめ，問題点を下のア〜エから選びなさい。

方法	内容	問題点
植林		
耕作方法の変更		
BECCS		
直接空気回収		
風化作用促進		

【問題点】

ア．費用が高い

イ．吸収量に限界がある

ウ．膨大な土地が必要

エ．森林面積が減少している中では，非現実的

2. 教科書p.159② 「エネルギーや経済活動の転換によるCO_2排出の極小化」を参考にして，発電，運輸，産業・民生の各部門における対策によってどのようなことが可能になるだろうか。部門を1つ選んで，対策とそれによって可能になることをまとめてみよう。

どのようなことが可能になるか

対策

部門

TRY ❶ネガティブ・エミッション（負の排出）とエネルギーや経済活動の転換によるCO_2排出の極小化について，それぞれのメリット，デメリットを整理してみよう。

方法	メリット	デメリット
ネガティブ・エミッション（負の排出）		
エネルギーや経済活動の転換によるCO_2排出極小化		

❷世界の持続可能性という観点に立って❶の2つの方策を比較したとき，どちらがより自分の考え方に近いだろうか。理由も含めて選んでみよう。

自分が選んだ方策	
理由	

＊自分が選ばなかった方策を選んだ人の理由もメモしておこう。

✓ 振り返りチェック

教科書p.148〜149「発展途上国の課題と展望」の内容を参考にして，各問いに答えなさい。

問1　衣食住や衛生条件など，人間としての基本的な必要をなんというか。

〔　　　　　　　　　　　　〕

問2　19世紀後半以降，先進国によって植民地や従属国の地位におかれた国々が強いられた，単一または少数の一次産品の輸出に依存する経済をなんというか。　　　　〔　　　　　　　　〕経済

問3　1日を2.15ドル未満の収入で生活している人々をなんというか。　　〔　　　　　　　　〕

✎ 確認しよう

1．教科書 p.160「経済成長と公共政策」を参考にして，次の文章のうち，適当でないものを1つ選びなさい。

ア．こんにち，先進国と一部の途上国の人々の間の所得格差は，以前よりも縮小している。

イ．経済成長があれば，各階層の所得が増加するので，途上国の人々の生活は必ずよくなる。

ウ．人々の生活向上のためには，予防接種の普及や上下水道の整備といった公衆衛生の向上が必要である。

エ．人々の生活向上のためには，住宅，教育，医療，公共交通の整備など，政府による公共政策が必要である。

〔　　　　〕

2．教科書 p.160「さまざまな国際協力の形」を参考にして，フェアトレードかBOPビジネスのどちらかについて，KWLチャートでまとめてみよう。

◆〔　　　　　　　　　　　　〕について

K（What I know） 知っていること	W（What I want to know） 知りたいこと	L（What I learned） 学んだこと

TRY　経済成長のための開発援助と，人々の生活改善のための開発援助のどちらを優先すべきだろうか。

あなたの考え	他の人の考え

☑️ **振り返りチェック**

教科書 p.122～123「国際社会の変化」の内容を参考にして，次の文章のうち，適当でないものを１つ選びなさい。

ア．1928 年には，戦争そのものを違法とする「戦争放棄に関する条約（不戦条約）」が締結された。

イ．1945 年には国連憲章が，第二次世界大戦の反省に基づいて戦争の違法化をさらに進展させ，ひろく武力の行使まで一般的に禁止した。

ウ．東西冷戦終結後，UNEP（国連環境計画）は，安全保障が国家の問題だけではなく，人間の問題でもあるという「人間の安全保障」の考え方を唱えるようになった。

〔　　　　　〕

確認しよう 　教科書 p.161 の本文を参考にして，次のア～ウの取り組みが「A　国際レベルの取り組み」「B　政府レベルの取り組み」「C　団体・個人レベルの取り組み」のそれぞれどれに該当するか，記号で答えなさい。

ア．アフリカの開発を課題としたアフリカ開発会議の主催・支援。　　　　　　　　〔　　　　　〕

イ．経済格差，政治的支配従属関係，石油利権などが原因で内戦となったスーダンの南北和平合意。

〔　　　　　〕

ウ．紛争地域での医療・食糧や難民支援の現地行政機関との具体的な実施。　　　　〔　　　　　〕

TRY　平和につながる個人レベルの取り組みについて考えてみよう。

Step❶　個人レベルでできる取り組みをクラゲチャートの足に入れてみよう。

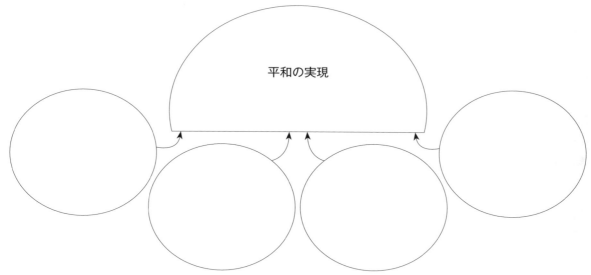

平和の実現

Step❷　Step❶で考えた取り組みのなかで自分が最も重視したいものと，その理由を書いてみよう。

「政治・経済」の学習を振り返ってみよう

第1部　現代日本の政治・経済
第1編　現代日本の政治
第1章　現代国家と民主政治（教科書p.8〜17）

●民主主義（民主政治）をめぐる問題のなかで，わかったことや知りたいこと・疑問に感じることをあげよう。

第2章　日本国憲法と基本的人権（教科書p.18〜39）

●日本国憲法の理念を守っていくために，私たちにどんな態度が求められているか考えよう。

第3章　日本の政治制度と政治参加（教科書p.40〜55）

●選挙のときに有権者として正しい判断をするには，どんなことが重要か考えよう。

第2編　現代日本の経済
第1章　現代の経済社会（教科書p.56〜83）

●日本の財政問題を解決していくためにはどうすればよいか，自分なりに提案しよう。

第2章　現代の日本経済と福祉の向上（教科書p.84〜107）

●日本経済の課題のうち，最優先で解決すべきことは何か検討しよう。

第2部　現代の国際政治・経済
第1編　現代の国際政治
第1章　国際政治の動向と課題（教科書p.120〜135）

●世界平和に対する自分の考えはどのように変化したか，記述しよう。

第2編　現代の国際経済
第1章　国際経済理論（教科書p.136〜139）／　第2章　国際経済の動向と課題（教科書p.140〜153）

●世界経済に対する自分の考えはどのように変化したか，記述しよう。

〔(政経703)最新政治・経済〕準拠
最新政治・経済　演習ノート

表紙デザイン──鈴木美里
本文基本デザイン──株式会社加藤文明社

●編　者　実教出版編修部

●発行者　小田良次

●印刷所　株式会社加藤文明社

●発行所　実教出版株式会社

〒102-8377
東京都千代田区五番町5
電話〈営業〉(03) 3238-7777
　　〈編修〉(03) 3238-7753
　　〈総務〉(03) 3238-7700
https://www.jikkyo.co.jp/

002402023②

ISBN 978-4-407-35664-9

最新政治・経済演習ノート

解答編

実教出版

❶民主政治と法(p.4-5)

①社会的動物　②政治　③政治権力　④主権　⑤国家権力
⑥絶対王政　⑦王権神授説　⑧市民革命　⑨市民階級
⑩基本的人権の尊重　⑪公法　⑫私法

正誤問題

1…×　2…○　3…○　4…○　5…×　6…×

Work

1 A…自然法　B…成文法　C…公法　D…私法
2 ア…自由　イ…平等　ウ…自然権　エ…所有権
　オ…抵抗　カ…主権　キ…国民　ク…分立

❷民主政治の基本原理(p.6-7)

①社会契約説　②自然権　③ロック　④抵抗権　⑤自由権
⑥社会権　⑦ワイマール　⑧福祉国家　⑨法の支配　⑩マ
グナ・カルタ　⑪コーク　⑫立憲主義

正誤問題

1…○　2…○　3…○　4…×　5…×

Work

1 ①ホッブズ　②リバイアサン　③万人の万人に対する闘
　争　④絶対王政　⑤統治二論　⑥アメリカ　⑦ルソー
　⑧社会契約論　⑨一般意志
2 ア…②　イ…③　ウ…①　エ…⑤

❸民主政治のしくみと課題(p.8-9)

①国民主権　②民主政治　③参政権　④普通選挙制
⑤チャーティスト運動　⑥直接民主制　⑦議会制民主主義
⑧ファシズム　⑨多数決原理　⑩権力分立
⑪モンテスキュー　⑫抑制と均衡

正誤問題

1…○　2…○　3…×　4…○

Work

1 ア…ファシズム　イ…ムッソリーニ　ウ…ナチス
　エ…民族主義　オ…暴力　カ…侵略主義
　キ…ホロコースト　ク…選挙
2 ア…憲法　イ…多数決　ウ…個人

❹世界のおもな政治制度(p.10-11)

①立憲君主制　②議院内閣制　③下院優位　④影の内閣
⑤連邦制　⑥大統領制　⑦間接　⑧拒否権　⑨教書　⑩違
憲審査権　⑪半大統領制　⑫民主的権力集中制　⑬全国人
民代表大会　⑭国務院　⑮最高人民法院　⑯開発独裁

正誤問題

1…○　2…×　3…×　4…×　5…○　6…○
7…○

Work

a…国王　b…首相　c…貴族院　d…議院内閣制
e…大統領　f…大統領選挙人　g…違憲審査権
h…大統領制

❶日本国憲法の成立(p.12-13)

①大日本帝国憲法　②外見的立憲主義　③欽定憲法　④天
皇主権　⑤統帥権の独立　⑥臣民ノ権利　⑦法律の留保
⑧大正デモクラシー　⑨吉野作造　⑩治安維持法　⑪ポツ
ダム宣言　⑫GHQ　⑬マッカーサー　⑭松本案

正誤問題

1…○　2…×　3…×　4…○　5…×　6…○

Work

a…天皇　b…帝国議会　c…貴族院　d…協賛
e…輔弼　f…枢密院

Check

1 ア…臣民　イ…法律　ウ…基本的人権　エ…主権

❷日本国憲法の基本原理(p.14-15)

①国民主権　②基本的人権　③平和主義　④象徴　⑤国事
行為　⑥内閣　⑦個人　⑧平和的生存権　⑨戦争の放棄
⑩最高法規　⑪憲法尊重擁護義務　⑫硬性　⑬国会　⑭国
民投票　⑮過半数　⑯憲法審査会

正誤問題

1…×　2…○　3…○　4…○　5…○

Work

①国民　②天皇　③象徴　④元首　⑤統帥権　⑥法律
⑦国権　⑧協賛　⑨行政　⑩輔弼　⑪司法権の独立
⑫地方自治の本旨　⑬国民投票

Check

②

❸自由に生きる権利（1）(p.16-17)

①基本的人権　②国家　③思想・良心　④三菱樹脂　⑤信
教　⑥国家神道　⑦政教分離の原則　⑧靖国神社　⑨津地
鎮祭　⑩愛媛玉ぐし料　⑪空知太神社　⑫表現　⑬報道・
取材　⑭知る権利　⑮検閲　⑯通信の秘密　⑰学問

正誤問題

1…○　2…○　3…×　4…×　5…○　6…×

①精神　②人身　③経済活動　④平等　⑤社会　⑥参政
⑦請求
Check
明治憲法（大日本帝国憲法）

❹自由に生きる権利（２）(p.18-19)
①人身　②奴隷的拘束　③拷問　④令状　⑤弁護人依頼権
⑥黙秘権　⑦罪刑法定主義　⑧適正手続き　⑨冤罪　⑩犯
罪被害者　⑪犯罪被害者等基本法　⑫経済活動　⑬職業選
択　⑭財産権　⑮正当な補償　⑯公共の福祉　⑰再審
⑱可視化
正誤問題
1…×　2…○　3…○　4…×
Work
1(A)…被疑者　(B)…被告人　(C)…起訴
　(D)…検察　(E)…公開裁判
2 A…ア，エ，カ，キ　B…イ，ウ，オ，ク

❺平等に生きる権利(p.20-21)
①平等権　②法の下　③人種　④性別　⑤両性の本質的平
等　⑥普通選挙　⑦機会均等　⑧男女雇用機会均等法
⑨女性差別撤廃条約　⑩男女共同参画社会基本法　⑪ジェ
ンダー　⑫全国水平社　⑬同和対策審議会答申　⑭アイヌ
文化振興法　⑮アイヌ民族支援法　⑯障害者基本法　⑰ハ
ンセン病
正誤問題
1…○　2…×　3…×　4…×　5…×　6…×
7…○
Work
1①男女雇用機会均等法　②日本国憲法第14条
2(1)…a　(2)…b　(3)…b

❻社会権と参政権・請求権(p.22-23)
①社会権　②生存権　③健康で文化的な最低限度　④社会
保障　⑤朝日　⑥プログラム規定説　⑦教育を受ける権利
⑧無償　⑨勤労の権利　⑩団結する権利　⑪団体交渉
⑫労働三権　⑬労働基準　⑭労働組合　⑮労働関係調整
⑯参政　⑰選定・罷免権　⑱国民審査　⑲憲法改正　⑳請
求　㉑請願　㉒裁判を受ける
正誤問題
1…○　2…×　3…×　4…×　5…○
Work
1 1…勤労権　2…請願権　3…生存権

4…教育を受ける権利　5…団結権
2①朝日　②健康　③文化的　④堀木　⑤学資保険
⑥25　⑦生存
3 ア…何人　イ…公務員　ウ…平穏　エ…無罪

❼新しい人権(p.24-25)
①四大公害訴訟　②環境権　③プライバシー　④通信の秘
密　⑤通信傍受法　⑥個人情報保護法　⑦マイナンバー法
⑧知る　⑨情報公開法　⑩特定秘密保護法　⑪アクセス権
⑫自己決定権　⑬インフォームド・コンセント
正誤問題
1…×　2…×　3…×　4…×　5…×　6…○
Work
1 1…イ．プライバシーの権利　2…ア．環境権
　3…ア．環境権　4…イ．プライバシーの権利
　5…イ．プライバシーの権利
2 ア…知的財産権　イ…無断　ウ…自分　エ…ネット上
　オ…忘れられる権利

❽人権の広がりと公共の福祉(p.26-27)
①社会的権力　②世界人権宣言　③国際人権規約　④難民
の地位に関する　⑤人種差別撤廃　⑥女性差別撤廃　⑦子
どもの権利　⑧子どもに教育を受けさせる　⑨勤労　⑩納
税　⑪定住外国人
正誤問題
1…×　2…×　3…×　4…×　5…○
Work
問1 ア…個人の尊重　イ…13　ウ…永久の権利
問2①生存権　②請願権　③教育を受ける権利

❾平和主義と自衛隊(p.28-29)
①平和的生存権　②9　③放棄　④戦力　⑤交戦権　⑥朝
鮮戦争　⑦警察予備隊　⑧保安隊　⑨自衛隊　⑩長沼ナイ
キ　⑪必要最小限度の実力　⑫文民統制　⑬国家安全保障
会議　⑭PKO　⑮PKF
正誤問題
1…○　2…×　3…○　4…○　5…○
Work
⑤
Check
1 ア…西側　イ…ソ連　ウ…冷戦
2 1946年(吉田首相)：D　1954年(政府統一見解)：B
　1972年(田中内閣統一見解)：A
　2014年(安倍内閣閣議決定)：C

⑩日米安全保障体制の変化 (p.30-31)

①サンフランシスコ平和条約　②日米安全保障条約　③基地　④砂川　⑤日米地位　⑥ガイドライン　⑦思いやり予算　⑧もたず・つくらず・もちこませず　⑨密約　⑩日米安保共同宣言　⑪重要影響事態法　⑫70　⑬県民投票　⑭普天間

正誤問題
1…×　2…○　3…×　4…○　5…×　6…○

Work
ア…近い　イ…日米地位協定　ウ…反対　エ…賛成

Check
①　③

⑪21世紀の平和主義 (p.32-33)

①テロ対策特別措置法　②イラク復興支援特別措置法　③海賊対処法　④国際平和支援法　⑤有事法制　⑥武力攻撃事態法　⑦国民保護法　⑧集団的自衛権

正誤問題
1…×　2…×　3…×　4…○　5…○　6…○
7…×

Work
①ソマリア　②ハイチ　③南スーダン　④カンボジア　⑤東ティモール　⑥イラク

第3章　日本の政治制度と政治参加

❶政治機構と国会 (p.34-35)

①国民主権　②代表民主制　③三権分立　④国権の最高機関　⑤立法機関　⑥二院制　⑦両院協議会　⑧衆議院の優越　⑨国政調査権　⑩常会　⑪特別会　⑫委員会　⑬党議拘束　⑭国会審議活性化法

正誤問題
1…○　2…×　3…○　4…○　5…○　6…×

Work
① ア…⑥　イ…②　ウ…④　エ…⑤　オ…①　カ…③
② ①委員会　②本会議　③参議院　④衆議院　⑤3分の2　⑥両院協議会

❷内閣と行政機能の拡大 (p.36-37)

①内閣　②内閣総理大臣　③国会議員　④政令　⑤議院内閣制　⑥不信任決議　⑦総辞職　⑧解散　⑨行政権の拡大　⑩官僚政治　⑪委任立法　⑫許認可権　⑬天下り　⑭国家公務員制度改革基本法　⑮行政手続法　⑯情報公開法　⑰オンブズ・パーソン　⑱行政委員会　⑲行政改革

正誤問題
1…×　2…○　3…×　4…○　5…×　6…○

Work
A…④　B…③　C…①　D…②

Check
ア…内閣提出法案　イ…立法機関　ウ…三権分立

❸公正な裁判の保障 (p.38-39)

①司法権の独立　②大津　③裁判官　④民事　⑤刑事　⑥違憲審査権　⑦終審裁判所　⑧憲法の番人　⑨統治行為論　⑩裁判を受ける権利　⑪公開　⑫国民審査　⑬弾劾裁判所　⑭検察審査会　⑮起訴議決制度　⑯裁判員　⑰18　⑱6

正誤問題
1…○　2…×　3…○　4…○　5…×

Work
a…裁判長　b…裁判員　c…検察官　d…裁判員
e…被告人
ア…国民　イ…裁判員　ウ…刑事　エ…有罪か無罪
オ…刑罰　カ…裁判官　キ…6

❹地方自治と住民福祉 (p.40-41)

①民主主義の学校　②住民自治　③団体自治　④都道府県　⑤直接選挙　⑥条例　⑦地方分権一括法　⑧機関委任事務　⑨自治事務　⑩法定受託事務　⑪地方交付税　⑫国庫支出金　⑬レファレンダム　⑭イニシアティブ　⑮リコール　⑯直接請求権　⑰住民投票

正誤問題
1…×　2…○　3…○　4…○　5…×

Work
①a　②d　③b　④c

Check
① ①
② ア…自主財源　イ…地方交付税　ウ…国庫支出金
　　エ…地方債　オ…三割(四割)自治

❺政党政治 (p.42-43)

①政党　②綱領　③マニフェスト　④政党政治　⑤与党　⑥野党　⑦二大政党制　⑧多党制　⑨連立　⑩55年体制　⑪ねじれ　⑫政治資金規正法　⑬政党助成法

正誤問題
1…×　2…○　3…×　4…×

Work
A…政治資金　B…集票　C…天下り先　D…許認可

❻選挙制度 (p.44-45)

①参政権 ②普通選挙 ③18 ④平等 ⑤大選挙区 ⑥死票 ⑦小選挙区 ⑧比例代表 ⑨小選挙区比例代表並立制 ⑩非拘束 ⑪不均衡 ⑫公職選挙法 ⑬戸別訪問 ⑭文書図画 ⑮連座制

正誤問題
1…× 2…× 3…○ 4…○ 5…× 6…○
7…×

Work
ア…960万 イ…480万 ウ…320万 エ…240万
カ…780万 キ…390万 ク…260万 サ…540万
シ…270万 ス…180万 タ…3人 チ…2人 ツ…2人

Check
多様な意見が反映されやすい制度…大選挙区制
　　　　　　　　　　　　　　　比例代表制
政治が安定しやすい制度…小選挙区制

❼世論と政治参加 (p.46-47)

①世論 ②マス・メディア ③報道・取材 ④世論操作 ⑤圧力団体 ⑥メディアリテラシー ⑦政治的無関心 ⑧無党派層 ⑨市民運動 ⑩NPO

正誤問題
1…× 2…× 3…○ 4…○ 5…○

Work
1ア…フェイク・ニュース イ…多様な意見
　ウ…ファクト・チェック エ…メディアリテラシー
2③ ⑤

第2編　現代日本の経済
第1章　現代の経済社会
❶経済活動の意義 (p.48-49)

①財 ②サービス ③経済 ④生産の三要素 ⑤希少 ⑥選択 ⑦効率 ⑧公平 ⑨トレードオフ ⑩機会費用

正誤問題
1…× 2…○ 3…× 4…○ 5…○

Work
1問1① ③
　問2 500
2ア…必要 イ…不必要
3a…② b…①

❷経済社会の変容 (p.50-51)

①資本主義経済 ②利潤追求の自由 ③生産手段の私有 ④労働力の商品化 ⑤産業革命 ⑥アダム＝スミス

⑦見えざる手 ⑧世界恐慌 ⑨ニューディール政策 ⑩ケインズ ⑪有効需要 ⑫自由放任主義 ⑬修正資本主義 ⑭混合経済 ⑮大きな政府 ⑯新自由主義 ⑰小さな政府 ⑱マルクス ⑲社会主義 ⑳生産手段の共有化 ㉑計画経済 ㉒グローバリゼーション

正誤問題
1…○ 2…○ 3…× 4…× 5…×

Work
産業資本主義…③A　修正資本主義…④B
新自由主義…①A　社会主義経済…②B

❸経済主体と市場の働き (p.52-53)

①家計 ②企業 ③政府 ④経済主体 ⑤市場 ⑥需要 ⑦供給 ⑧下げる ⑨均衡価格 ⑩市場メカニズム ⑪競争 ⑫価格カルテル ⑬独占禁止法 ⑭公正取引委員会 ⑮寡占 ⑯プライスリーダー ⑰非価格競争 ⑱価格の下方硬直性 ⑲イノベーション ⑳シュンペーター ㉑公共財 ㉒公害 ㉓市場の失敗 ㉔外部不経済

正誤問題
1…○ 2…○ 3…× 4…×

Work
1 作図解答省略
　①価格 ②1,000 ③2,000 ④1,000 ⑤超過供給
　⑥150 ⑦1,500
2 作図解答省略

❹企業の役割 (p.54-55)

①私企業 ②利潤 ③株式会社 ④有限責任 ⑤合名会社 ⑥合資会社 ⑦無限責任 ⑧株式 ⑨株主 ⑩配当 ⑪株主総会 ⑫取締役 ⑬所有[資本]と経営の分離 ⑭M＆A ⑮コングロマリット ⑯多国籍企業 ⑰持株会社 ⑱コーポレート・ガバナンス ⑲ディスクロージャー ⑳企業の社会的責任 ㉑ステークホルダー ㉒コンプライアンス

正誤問題
1…○ 2…× 3…○ 4…× 5…○

Check
① ③

❺国民所得 (p.56-57)

①GDP ②国内 ③生産物の価格 ④中間生産物 ⑤付加価値 ⑥GNI ⑦国外 ⑧GNP ⑨固定資本減耗 ⑩減価償却費 ⑪間接税 ⑫補助金 ⑬国民所得 ⑭三面等価 ⑮生産国民所得 ⑯分配国民所得 ⑰支出国民所得

正誤問題
1…× 2…○ 3…×

Work
①①GDP ②国民総所得 ③国民所得 ④中間生産物
⑤固定資本減耗
②問1…15 問2…15 問3…20 問4…10 問5…60

Exercise
390

❻経済成長と国民の福祉(p.58-59)
①経済成長 ②経済成長率 ③設備投資 ④労働者 ⑤好況 ⑥インフレーション ⑦景気後退 ⑧不況 ⑨デフレーション ⑩恐慌 ⑪景気回復 ⑫景気変動 ⑬ジュグラー ⑭コンドラチェフ ⑮技術革新 ⑯消費者物価 ⑰フロー ⑱ストック ⑲国富 ⑳社会資本 ㉑NNW ㉒グリーンGDP

正誤問題
1…○ 2…× 3…× 4…○

Work
a…好況③ b…景気後退② c…不況④
d…景気回復①

Exercise
①5 ②名目

❼金融の役割(p.60-61)
①金融 ②金融市場 ③短期金融市場 ④利子率 ⑤支払準備 ⑥信用創造 ⑦マネーストック ⑧証券 ⑨保険 ⑩間接金融 ⑪直接金融 ⑫自己資本 ⑬他人資本 ⑭金融の自由化 ⑮金融ビッグバン ⑯ペイオフ

正誤問題
1…× 2…× 3…○ 4…○ 5…× 6…×

Work
①ア…e イ…b d ウ…a エ…c
②ア…50 イ…450 ウ…405 エ…1355 オ…855
　カ…5000 キ…4500
③**現金通貨の割合**…7.4 **預金通貨の割合**…58.4

❽日本銀行の役割(p.62-63)
①中央銀行 ②日本銀行 ③銀行の銀行 ④政府の銀行 ⑤発券銀行 ⑥兌換紙幣 ⑦管理通貨 ⑧不換紙幣 ⑨金融政策 ⑩通貨供給量 ⑪金融緩和 ⑫金融引き締め ⑬公開市場操作 ⑭無担保コールレート ⑮ゼロ金利 ⑯量的緩和 ⑰量的・質的金融緩和 ⑱日銀短観

正誤問題
1…○ 2…× 3…× 4…× 5…○

Work
①a…資金供給 b…買い入れ c…増加 d…低下
　e…低下 f…増加 g…日本銀行
　h…金融政策決定(会合)
②②

❾財政の役割と租税(p.64-65)
①財政 ②公共財 ③資源配分機能 ④所得の再分配 ⑤累進課税 ⑥社会保障 ⑦フィスカル・ポリシー ⑧財政支出 ⑨ビルト・イン・スタビライザー ⑩ポリシー・ミックス ⑪一般会計予算 ⑫特別会計予算 ⑬財政投融資 ⑭直接税 ⑮間接税 ⑯垂直的公平 ⑰水平的公平 ⑱源泉徴収

正誤問題
1…○ 2…× 3…○

Work
①② ③
②間接税

Exercise
式
195万円×5%＝97500円 …①
(330万円－195万円)×10%＝135000円 …②
(400万円－330万円)×20%＝140000円 …③
①＋②＋③＝372500円

372500

Check
問1 **大きく増えた歳入項目**…赤字国債
　　 大きく増えた歳出項目…社会保障関係費
問2① ② ④

❿日本の財政の課題(p.66-67)
①税制改革 ②直間比率 ③社会保障関係費 ④地球環境対策税 ⑤国債 ⑥財政法 ⑦建設国債 ⑧赤字国債 ⑨国債依存度 ⑩国債費 ⑪財政の硬直化 ⑫財政構造改革 ⑬プライマリーバランス

正誤問題
1…○ 2…× 3…○ 4…○ 5…×

Work
①問1 **A**…日本 **B**…イタリア
　　問2② ④
②問1 **X**…78.7 **Y**…89.1
　　問2赤字 　　問3①

第2章　現代の日本経済と福祉の向上

❶日本経済の成長と課題 (p.68-69)

①財閥解体・農地改革・労使関係の民主化　②傾斜生産方式　③もはや戦後ではない　④高度経済成長　⑤10　⑥公害　⑦石油危機　⑧安定成長　⑨貿易摩擦　⑩プラザ合意　⑪円高不況　⑫バブル　⑬不良債権　⑭貸し渋り　⑮リストラクチャリング　⑯失われた10年　⑰財政構造改革　⑱規制緩和　⑲構造改革　⑳特殊法人　㉑郵政民営化　㉒実感なき景気回復　㉓非正規雇用　㉔金融危機　㉕東日本大震災　㉖人口減少　㉗貧困　㉘CPTPP　㉙AI

正誤問題

1…×　2…○　3…×

Check

①③

②ア…小さい　イ…大きい　ウ…日本

❷中小企業と農業 (p.70-71)

①下請け　②系列　③製造業　④二重構造　⑤生産性　⑥労働条件　⑦ベンチャー企業　⑧社会的企業　⑨地場産業　⑩事業承継　⑪農業基本法　⑫食料・農業・農村基本法　⑬食糧管理制度　⑭減反　⑮新食糧法　⑯ウルグアイラウンド　⑰関税化　⑱ミニマム・アクセス　⑲CPTPP　⑳食料安全保障　㉑農地法　㉒6次産業　㉓地産地消

正誤問題

1…○　2…×　3…×　4…×　5…×

Work

①ア…0.3　イ…31.2　ウ…52.5

②問1②

　問260

❸消費者問題 (p.72-73)

①悪質商法　②誇大広告　③偽装表示　④マルチ　⑤架空　⑥4つの権利　⑦ケネディ　⑧消費者主権　⑨消費者運動　⑩消費者保護基本法　⑪消費者基本法　⑫消費者保護　⑬消費者の自立　⑭消費生活センター　⑮製造物責任法　⑯無過失責任　⑰欠陥の推定　⑱クーリング・オフ　⑲消費者契約法　⑳消費者庁　㉑契約　㉒多重債務　㉓自己破産

正誤問題

1…×　2…×　3…○

Work

①A…③　B…②　C…①

②③　④

❹公害防止と環境保全 (p.74-75)

①足尾銅山鉱毒　②田中正造　③四大公害訴訟　④水俣病　⑤イタイイタイ病　⑥原告　⑦公害対策基本法　⑧環境庁　⑨濃度規制　⑩総量規制　⑪無過失責任　⑫汚染者負担の原則　⑬環境アセスメント　⑭地球サミット　⑮持続可能な発展　⑯環境基本法　⑰循環型社会形成推進基本法　⑱リデュース　⑲リユース　⑳リサイクル　㉑ゼロ・エミッション　㉒エコタウン事業　㉓持続可能な開発目標　㉔グリーンコンシューマー

正誤問題

1…×　2…○　3…○

Work

①①水俣病　②四日市ぜんそく　③イタイイタイ病　④有機水銀　⑤カドミウム

②ア…典型七公害　イ…その他

❺労働問題と労働者の権利 (p.76-77)

①勤労権　②団結権　③団体交渉権　④団体行動権　⑤労働基本権　⑥労働基準法　⑦最低基準　⑧労働基準監督機関　⑨労働組合法　⑩団体交渉　⑪労働協約　⑫不当労働行為　⑬労働関係調整法　⑭労働委員会　⑮斡旋　⑯調停　⑰仲裁　⑱男女雇用機会均等法　⑲雇用　⑳昇進　㉑男女差別　㉒セクシュアル・ハラスメント　㉓育児・介護休業法　㉔外国人研修制度　㉕出入国管理法

正誤問題

1…×　2…○　3…×　4…○

Work

A…人事院　B…最低賃金法　C…不当労働行為　D…公益委員

Check

問1（解答例）

日本の女性の労働力率は，25～29歳から35～39歳にかけて低下し，その後上昇してM字型のカーブを描く。こうした傾向はスウェーデン，フランス，ドイツなどではほとんど見られない。

問2ア…男性　イ…女性　ウ…育児休業

❻こんにちの労働問題 (p.78-79)

①終身雇用制　②年功序列型賃金　③企業別労働組合　④日本的雇用慣行　⑤安定的　⑥パートタイマー　⑦派遣社員　⑧非正規雇用　⑨労働者派遣法　⑩製造業　⑪格差　⑫ワーキング・プア　⑬職業能力開発支援　⑭年齢制限

⑮労働契約法　⑯サービス残業　⑰過労死　⑱働き方改革関連法　⑲同一労働・同一賃金　⑳ワーク・ライフ・バランス

正誤問題

1…×　2…○　3…○　4…×　5…○

Work

①①男性正社員・正職員　②女性正社員・正職員　③男性その他　④女性その他

②①ク　②ウ　③ア　④オ　⑤キ　⑥エ　⑦カ　⑧イ

❼社会保障の役割と課題(p.80-81)

①社会保障　②救貧法　③ビスマルク　④社会保険制度　⑤ベバリッジ　⑥ゆりかごから墓場まで　⑦イギリス・北欧　⑧租税　⑨ヨーロッパ大陸　⑩社会保険　⑪医療保険　⑫年金保険　⑬雇用保険　⑭労災保険　⑮介護保険　⑯公的扶助　⑰生活保護　⑱社会福祉　⑲公衆衛生　⑳税金　㉑賦課方式　㉒介護保険　㉓デイサービス　㉔ショートステイ　㉕ノーマライゼーション　㉖バリアフリー　㉗ユニバーサルデザイン　㉘セーフティネット　㉙自助　㉚公助　㉛共助

正誤問題

1…×　2…×

Check

ア…混合型　イ…高齢者　ウ…前半

Check 重要用語　現代日本の政治
第1章　現代国家と民主政治(p.82)

①市民革命　②ロック　③抵抗権(革命権)　④社会契約説　⑤基本的人権　⑥マグナ・カルタ　⑦法の支配　⑧法治主義　⑨立憲主義　⑩民主政治(民主主義)　⑪リンカーン　⑫普通選挙法　⑬直接民主制　⑭議会制民主主義(間接民主制)　⑮少数意見の尊重　⑯議院内閣制　⑰影の内閣(シャドーキャビネット)　⑱大統領制　⑲教書　⑳全国人民代表大会

第2章　日本国憲法と基本的人権(p.83)

①大日本帝国憲法(明治憲法)　②マッカーサー草案　③象徴天皇制　④自由権　⑤表現の自由　⑥人身の自由　⑦平等権　⑧社会権　⑨生存権　⑩労働基本権　⑪参政権　⑫環境権　⑬プライバシーの権利　⑭知る権利　⑮公共の福祉　⑯平和主義　⑰文民統制　⑱PKO(国連平和維持活動)協力法　⑲非核三原則　⑳集団的自衛権　㉑国際平和支援法　㉒有事法制

第3章　日本の政治制度と政治参加(p.84)

①三権分立　②衆議院の優越　③国政調査権　④議院内閣制　⑤天下り　⑥行政委員会　⑦司法権の独立　⑧違憲審査権　⑨弾劾裁判所　⑩裁判員制度　⑪条例　⑫地方分権　⑬法定受託事務　⑭直接請求権　⑮政党政治　⑯小選挙区比例代表並立制　⑰圧力団体　⑱無党派層　⑲NPO

Check 重要用語　現代日本の経済
第1章　現代の経済社会(p.85-86)

①財　②資本主義経済　③利潤追求の自由　④労働力の商品化　⑤産業革命　⑥見えざる手　⑦アダム＝スミス　⑧世界恐慌　⑨ニューディール政策　⑩ケインズ　⑪有効需要　⑫修正資本主義　⑬混合経済　⑭大きな政府　⑮新自由主義　⑯小さな政府　⑰フリードマン　⑱社会主義経済　⑲マルクス　⑳グローバリゼーション　㉑市場メカニズム(市場の自動調整作用)　㉒独占禁止法　㉓非価格競争　㉔イノベーション　㉕市場の失敗　㉖所有と経営の分離　㉗コーポレート・ガバナンス　㉘M&A　㉙GDP　㉚GNI　㉛経済成長率　㉜インフレーション　㉝景気変動　㉞マネーストック　㉟直接金融　㊱管理通貨制度　㊲公開市場操作(オープン・マーケット・オペレーション)　㊳公共財　㊴累進課税制度　㊵ポリシー・ミックス　㊶間接税　㊷国債依存度　㊸プライマリーバランス

第2章　現代の日本経済と福祉の向上(p.87)

①傾斜生産方式　②高度経済成長　③バブル景気　④リストラクチャリング　⑤経済の二重構造　⑥ベンチャー企業　⑦食料・農業・農村基本法(新農業基本法)　⑧6次産業　⑨ケネディ　⑩製造物責任法(PL法)　⑪消費者契約法　⑫消費者庁　⑬汚染者負担の原則(PPP)　⑭環境アセスメント(環境影響評価)　⑮エコタウン事業　⑯持続可能な開発目標(SDGs)　⑰労働三法　⑱不当労働行為　⑲非正規雇用　⑳男女雇用機会均等法　㉑ベバリッジ報告　㉒国民皆保険・皆年金　㉓ノーマライゼーション

第3編　現代日本における諸課題の探究
❶持続可能な地域社会のあり方を考える(p.88)

振り返りチェック

1…ウ

②①3　②1　③6　④5

確認しよう

ア…×　イ…○　ウ…×　エ…○

TRY

①解答省略　②解答省略

❷地域における防災を考える (p.89)

振り返りチェック

ア エ

確認しよう

ウ

TRY

①解答省略　②解答省略

❸財政健全化を考える (p.90-91)

振り返りチェック

①問1 ア…3　イ…2　ウ…4　エ…1

　問2 イ

②解答省略

確認しよう

①解答省略

TRY

解答省略

❹起業を考える (p.92-93)

振り返りチェック

①ア…②　イ…①　ウ…③

②イ

確認しよう

①ア…b　イ…c　ウ…a

②ア イ エ

TRY

①解答省略　②解答省略

❺持続可能な農業を考える (p.94-95)

振り返りチェック

①ア→ウ→イ

②課題…ア ウ エ　新しい取り組み…イ オ カ

確認しよう

①問1 農業生産過程の全部または一部について，集落単位
　　で取り組む方法

　問2 新潟県富山県福岡県

　問3 播種等の作業にドローンを使用　農業用機械の無人
　　運転化

②問1 増加…ゆめぴりか　減少…コシヒカリ

　問2 生物多様性を保護する持続可能な農法でつくられた
　　農産物を示すマーク

③問1 解答例 サラリーマン　子育て　ペンション経営　飲
　　　　食店経営

　問2 新規就農の技術的バックアップ住宅の提供

TRY

①大規模化×生産性の向上　高付加価値化　半農半X

②解答省略

③解答省略

④解答省略

❻ワーク・ライフ・バランスの実現を考える (p.96-97)

振り返りチェック

①ア…長　イ…低　ウ…サービス残業　エ…過労死

　オ…働き方改革関連法

②ジョブ型雇用の特徴…イ ウ オ

　メンバーシップ型雇用の特徴…ア エ カ

③ア…×　イ…○　ウ…×　エ…×

確認しよう

①問1 イ

　問2 デンマーク　スウェーデン　ドイツ

②問1 フリーランス

　問2 ウ

TRY

①解答省略　②解答省略

❼持続可能な福祉社会の実現を考える (p.98-99)

振り返りチェック

①問1 ア…2　イ…3　ウ…1

　問2 イ

確認しよう

①ア…税方式　イ…社会保険方式

②ウ エ

TRY

①解答省略　②解答省略　③解答省略　④解答省略

❶国際社会と国際法(p.100-101)

①主権　②ウェストファリア　③国際法　④条約　⑤国際慣習法　⑥外交特権　⑦公海自由の原則　⑧グロチウス　⑨領土問題　⑩カシミール　⑪領海　⑫12　⑬排他的経済水域　⑭200

正誤問題

1…○　2…×　3…×　4…×　5…○

Work

1 ア…条約　イ…憲法　ウ…国家　エ…議会
　オ…国際司法裁判所　カ…国連　キ…政府
　ク…安全保障理事会

2 ア…領海　イ…排他的経済水域　ウ…12
　エ…200

❷国際社会の変化(p.102-103)

①不戦条約　②ジェノサイド条約　③国際人権規約　④子どもの権利条約　⑤人権理事会　⑥国際司法裁判所　⑦国際刑事裁判所　⑧個人　⑨NGO　⑩人間の安全保障

正誤問題

1…×　2…×　3…○　4…×

Work

1 問1 子どもの権利条約
　問2 A…少年兵　B…児童労働

2 ② ③

3 ①1945　②ハーグ　③ハーグ　④国家間　⑤戦争
　⑥個人　⑦安保理

❸国際連合と国際協力(p.104-105)

①国際連盟　②集団安全保障　③全会一致　④国際連合　⑤安全保障理事会　⑥常任理事国　⑦大国一致の原則　⑧拒否権　⑨平和のための結集　⑩国連軍　⑪平和維持活動　⑫総会　⑬経済社会　⑭国際司法　⑮一国一票

正誤問題

1…×　2…×　3…○　4…○　5…○

Work

A…安全保障理事会　B…総会　C…国際司法裁判所
D…経済社会理事会

Check

①

❹こんにちの国際政治(p.106-107)

①冷戦　②朝鮮　③ベトナム　④欧州連合　⑤ASEAN地域フォーラム　⑥湾岸戦争　⑦テロリズム　⑧同時多発テロ　⑨単独行動主義　⑩イラク戦争　⑪アラブの春

正誤問題

1…×　2…×　3…○　4…○　5…○

Work

1990〜94年ルワンダ　2003年〜ダルフール

2014〜15年，22年〜ウクライナ　1991〜95年ユーゴスラビア

1994〜2009年チェチェン　2003年イラク

1991年ソマリア　1991年湾岸

Check

問1 ヨーロッパ(西欧)○，×
　　ヨーロッパ(東欧)○，○　アジア○，×
　　中東○，○　アフリカ○，○　北中米○，×

問2 解答省略

❺人種・民族問題(p.108-109)

①公民権運動　②アパルトヘイト　③ネルソン=マンデラ　④人種差別撤廃　⑤パレスチナ問題　⑥民族浄化　⑦難民　⑧ノン=ルフールマン　⑨国連難民高等弁務官事務所　⑩ナショナリズム　⑪自民族中心主義

正誤問題

1…×　2…○　3…×　4…×　5…○

Work

ア…イスラエル　イ…第1次中東戦争
ウ…第3次中東戦争　エ…パレスチナ暫定自治協定

Check

ア…冷戦　イ…1990　ウ…イラク　エ…2010

❻軍拡競争から軍縮へ(p.110-111)

①核抑止論　②INF全廃条約　③戦略兵器削減条約　④新START　⑤核拡散防止条約　⑥NPT　⑦国際原子力機関　⑧包括的核実験禁止条約　⑨CTBT　⑩非核地帯　⑪対人地雷全面禁止条約　⑫クラスター爆弾禁止条約　⑬第五福龍丸　⑭第1回原水爆禁止世界大会　⑮パグウォッシュ会議　⑯核兵器禁止条約

正誤問題

1…○　2…×　3…○

Work

1 問1 アメリカ　イギリス　ロシア　フランス　中国
　問2 インド　パキスタン　北朝鮮

2 **中南米**…トラテロルコ　**南太平洋**…ラロトンガ

❼日本の外交と国際社会での役割 (p.112-113)

①サンフランシスコ平和条約　②日米安全保障条約　③日ソ共同宣言　④日韓基本条約　⑤日中共同声明　⑥日中平和友好条約　⑦ロシア　⑧竹島　⑨人間の安全保障

正誤問題

1…×　**2**…×　**3**…×　**4**…×　**5**…×　**6**…×
7…○

Work

1 B→E→C→G→D→A→F→H

2 ア…択捉　イ…国後　ウ…色丹　エ…歯舞
　オ…竹　カ…尖閣　キ…沖ノ鳥

第2編　現代の国際経済
第1章　国際経済理論

❶貿易と国際収支 (p.114-115)

①貿易　②資金　③比較生産費説　④リカード　⑤特化　⑥国際分業の利益　⑦リスト　⑧保護貿易　⑨垂直貿易　⑩水平貿易　⑪企業内貿易　⑫経常収支　⑬第一次所得収支　⑭第二次所得収支　⑮資本移転等収支　⑯直接投資　⑰外貨準備　⑱黒字　⑲赤字

正誤問題

1…○　**2**…○　**3**…×　**4**…×

Work

ア…50　イ…100　ウ…300　エ…2　オ…3　カ…1

Quiz

①貿易収支　②第一次所得収支　③証券投資

Exercise

② ④

❷外国為替市場のしくみ (p.116-117)

①為替　②外国為替手形　③外国為替市場　④為替レート　⑤変動為替相場制　⑥市場介入　⑦円高・ドル安　⑧円安・ドル高　⑨金利

正誤問題

1…×　**2**…○　**3**…○　**4**…×

Work

1 ア…d　イ…b　ウ…a　エ…c

2 ①a　②b　③e　④d　⑤g　⑥c

第2章　国際経済の動向と課題
❶第二次世界大戦後の国際経済 (p.118-119)

①ブロック経済　②ブレトンウッズ協定　③国際通貨基金　④国際復興開発銀行　⑤世界銀行　⑥関税と貿易に関する一般協定　⑦金　⑧固定為替相場制　⑨基軸通貨　⑩ベトナム戦争　⑪特別引出権　⑫金・ドル交換を停止　⑬ニクソン・ショック　⑭変動為替相場制　⑮双子の赤字　⑯プラザ合意　⑰G7　⑱ラウンド　⑲貿易自由化　⑳ダンピング　㉑ウルグアイラウンド　㉒世界貿易機関　㉓ドーハラウンド

正誤問題

1…×　**2**…○　**3**…○　**4**…×

Work

1971ニクソン・ショック…イ　**1985プラザ合意**…エ
1995WTO発足…ウ　**2001ドーハラウンド開始**…ア
2008世界金融危機…オ

❷国際経済の動向 (p.120-121)

①自由貿易協定　②共同（単一）市場　③EC　④マーストリヒト条約　⑤EU　⑥ユーロ　⑦ECB　⑧ギリシア　⑨デフォルト　⑩シリア　⑪USMCA　⑫MERCOSUR　⑬東南アジア諸国連合　⑭ASEAN経済共同体　⑮APEC　⑯TPP　⑰EPA

正誤問題

1…×　**2**…○　**3**…×　**4**…○　**5**…○

Work

a…ASEAN，2　**b**…USMCA，4
c…MERCOSUR，1　**d**…CPTPP，5
e…APEC，3

❸新興国の台頭 (p.122-123)

①改革・開放　②世界の工場　③一帯一路　④アジアインフラ投資銀行　⑤中国製造2025　⑥一国二制度　⑦オフショアリング　⑧メイク・イン・インディア

正誤問題

1…○　**2**…×　**3**…×　**4**…×　**5**…×

Work

a…アメリカ　**b**…日本　**c**…中国　**d**…インド

Check

① ③ ⑤

❹経済のグローバル化とICTでかわる世界経済(p.124-125)

①グローバル化　②多国籍企業　③ヘッジファンド　④アジア通貨危機　⑤リーマン・ショック　⑥ICT　⑦IoT　⑧プラットフォーム企業　⑨ビッグデータ　⑩AI　⑪タックス・ヘイヴン

正誤問題

1…×　2…○　3…×　4…×

Work

a…新興国中間層　b…先進国中間層
c…先進国富裕層

Check

②　③

❺発展途上国の課題と展望(p.126-127)

①モノカルチャー経済　②石油輸出国機構　③国連貿易開発会議　④新国際経済秩序　⑤資源ナショナリズム　⑥石油危機　⑦南北問題　⑧新興工業経済地域　⑨後発開発途上国　⑩南南問題　⑪絶対的貧困層　⑫持続可能な開発目標

正誤問題

1…×　2…×　3…○　4…×　5…○　6…×

Work

①問1 ボツワナ…第1位ダイヤモンド，第2位機械類
　　　　ナイジェリア…第1位原油，第2位液化天然ガス
　問2 (1)1045(ドル以下)，104500(円以下)
　　　 (2)12696(ドル以上)，1269600(円以上)
②①東アジア・太平洋　②南アジア　③サハラ以南アフリカ

❻地球環境問題，資源エネルギー問題(p.128-129)

①一次エネルギー　②化石燃料　③二次エネルギー　④温室効果ガス　⑤地球温暖化　⑥パリ協定　⑦持続可能な開発目標　⑧CCS　⑨ネガティブ・エミッション

正誤問題

1…○　2…×　3…○　4…×　5…×

Work

①ア…化石燃料　イ…一次　ウ…天然ガス　エ…太陽光
　オ…バイオマス　カ…ガソリン　キ…二次
②②
③ア…化石燃料　イ…負の排出の量　ウ…総排出量

❼経済協力と日本の役割(p.130-131)

①政府開発援助　②OECD　③開発援助委員会　④贈与　⑤借款　⑥開発協力大綱　⑦青年海外協力隊

⑧食料自給率　⑨TICAD

正誤問題

1…○　2…×　3…×　4…×

Work

問1 高い
問2 ア…消費需要　イ…ICT　ウ…中国　エ…13

Check

①②③④
②②

Check　重要用語　現代の国際政治
第1章　国際政治の動向と課題(p.132)

①ウェストファリア条約　②グロチウス　③国際司法裁判所　④人間の安全保障　⑤安全保障理事会(安保理)　⑥平和維持活動　⑦同時多発テロ　⑧イラク戦争　⑨アラブの春　⑩公民権運動　⑪エスニック-クレンジング　⑫マイノリティ　⑬核抑止論　⑭核拡散防止条約(NPT)　⑮包括的核実験禁止条約(CTBT)　⑯サンフランシスコ平和条約　⑰日中共同声明　⑱北方領土

Check　重要用語　現代の国際経済
第1章　国際経済理論(p.133)

①比較生産費説　②リスト　③国際収支　④経常収支　⑤外貨準備　⑥外国為替手形

第2章　国際経済の動向と課題(p.133)

①GATT(関税と貿易に関する一般協定)　②ニクソン・ショック　③多角的貿易交渉(ラウンド)　④世界貿易機関(WTO)　⑤自由貿易協定(FTA)　⑥経済連携協定(EPA)　⑦一帯一路　⑧オフショアリング　⑨リーマン・ショック　⑩プラットフォーム企業　⑪モノカルチャー経済　⑫南南問題　⑬絶対的貧困層　⑭ネガティブ・エミッション　⑮開発協力大綱

第3編　国際社会における諸課題の探究
❶難民問題を考える(p.134-135)

振り返りチェック

①…ア
②A…難民　B…国内避難民　C…トルコ　D…EU

確認しよう

①…エ
②A…認定　B…難民審査参与員
③**難民の申請と受け入れ・現状**

・毎年1万人を超える申請がある。

・難民認定が厳しく，認定数は非常に少ない。

・第三国定住難民を受け入れている。

・難民申請から認定に時間がかかる。

難民の申請と受け入れ・課題

・申請者が増えているため，難民申請から認定までに時間がかかり，その間，申請者の生活が不安定なので，支援金を充実させる必要がある。

・諸外国に比べると，難民認定数が少ないので増やすべきである。

難民支援・現状

・難民と認定されれば，就労が認められており，定住支援も受けられる。

・難民と認定されない在留資格のない申請者は不法滞在者として収容されることもある。

難民支援・課題

・難民認定されて，就労するのに，語学や教育，住居等の支援を強化する必要がある。

・難民と認定されるまで，あるいは認定されない場合の処遇を改善する必要がある。

TRY

①解答省略　②解答省略

❷外国人労働者との共生を考える (p.136)

振り返りチェック

1…イ

2熟練労働者は欧米を目指した東西移動であるのに対して，単純労働者は近接エリアでの南北移動が特徴となっている。

確認しよう

1 **第1次産業**…農業，漁業

第2次産業…製造業，建設業

第3次産業…卸売・小売，宿泊・飲食，介護

指摘されている問題

賃金未払い，最低賃金法以下の低賃金，パワハラ・セクハラ，パスポートの取り上げ等の人権侵害

2ウ

TRY

解答省略

❸自動運転技術を考える (p.137)

振り返りチェック

1…ア

確認しよう

イ

TRY

①解答省略　②解答省略

❹地球環境問題，資源エネルギー問題を考える (p.138-139)

振り返りチェック

1 A…20　B…化石燃料　C…再生可能エネルギー

2ウ

3エ

確認しよう

1 **植林**

CO_2を吸収する木を増やす。**エ**

耕作方法の変更

耕深を浅くしてCO_2を吸収する。**イ**

BECCS

CO_2を吸収する作物を大量に生育。**ウ**

直接空気回収

大気中からCO_2を直接回収・地下に貯留。**ア**

風化作用促進

鉱石を砕いて陸や海にまく。**ア**

2解答省略

TRY

①**ネガティブ・エミッション（負の排出）**

メリット

大気中へのCO_2排出が持続することを前提に，CO_2を吸収，回収，貯留する様々な方法が考えられている。

デメリット

どの方法も吸収量の限界や，費用が高くつくなどの難点があり，このやり方でパリ協定の2℃目標を達成することは難しい。

エネルギーや経済活動の転換によるCO_2排出極小化

メリット

原子力や再生可能エネルギーの拡充，水素やバイオマス燃料の利用など，新しい技術の導入によりCO_2排出の極小化が可能になる。

デメリット

原子力発電には，放射性廃棄物の処分地や，廃炉処理の問題がつきまとう。水素の利用は，配給網の整備や新技術の導入などの課題がある。

②解答省略

❺国際経済格差の是正と国際協力を考える(p.140)

振り返りチェック

問1 ベーシック・ヒューマン・ニーズ

問2 モノカルチャー

問3 絶対的貧困層

確認しよう

1…イ

2 解答省略

TRY

解答省略

❻持続可能な平和のあり方を考える(p.141)

振り返りチェック

ウ

確認しよう

ア…B　イ…A　ウ…C

TRY

①解答省略　②解答省略